100
New
Suggestions
for
Teachers

郑杰——

著

给教师的一百条新建议

2022版

中国人民大学出版社
·北京·

目 录
Contents

[上篇] 自我

[中篇] 师生

[上篇]

自我

1 不妨一读郑杰的建议（2022 版代序）

每一版序言的第一句话，我都会郑重地写上："不妨一读此书，这是一本无害的书。"这次也不例外，因为我对读者朋友的真诚是不能有例外的。

即使有不少教育类的书籍在宣扬教育的神话，宣扬教育界的神话人物，可我依然认为这些书没有什么害处。读者是有鉴别能力的，也许一开始没有，但读多了渐渐就会有了。

我相信教育类图书的作者们，即便不是抱着崇高的写作目的，也绝不会出于恶意，因为写作总是艰辛的，而"利润"又太薄。教育界的从业人员不读书或很少读书，是一个骇人听闻却又无可奈何的事实，作者靠卖教育书发财和出名，几乎没有可能。

本书初版于 2004 年面世，2015 年修订过一次，现在是第二次修订。修订是必须要做的工作，时移世易，如果不改改，就不配冠名"新建议"。

记得刚开始写这本书的时候，我从事教育工作仅 13 年，转眼间离开中小学教育岗位已经 16 年了。记得当时这本书一出版，就有上海的校长前辈质疑我，认为我没有资格给教师提什么建议，而且还有 100 条之多，而且还在苏霍姆林斯基之后。当时，我没有辩驳，现在更不会辩驳了。

给别人提建议，表面上看是对人好，其实是对自己好。心理学研究发现，给别人提建议会让人感觉良好，因为提建议会让人获得权力感和支配感，尤其是当听者虔诚地做笔记的时候。我承认，给教师尤其是青年教师提建议，让我感觉良好。为此，我要感谢读者。

本次修订，主要有三个方面的用意：一是把书变薄一点儿，越是厚实的书越显得堂而皇之，也越不适合携带和翻阅；二是把书变得谦卑一点儿，谦卑的一个重要表现就是尽量用事实说话，而不是以个人主观判断说话；三是在取材和语言方式上更"当代"些，以对得起"新建议"之"新"。

在本书的初版中，我安排了"教师作为一个完整的人""教师作为一名称职的员工""教师作为一名理性的教育者""教师作为一种自由职业"四个部分，2015年修订时我取消了这种分类，在第二版的序言中，我写道："一些牵强的分类反而破坏了书的意蕴。我似乎更喜欢漫谈，在漫谈中奢望，奢望至少有一个小片段能对你产生一点点影响。"

不过这次修订，我在保持漫谈风格的同时，对全书做了结构上的调整，主要是为了突出主题思想。这是一本全方位关注教师成长的书。修订后的内容围绕"自我""师生""学校"三个方面展开。它们都涉及"关系"，而教师个体的成长必然是在关系中完成的。三个方面各占三分之一左右的篇幅。虽然在主题和内容上都有一些变化，但是书名不变，100条建议的标题大多数都不变。还有永远不会变的，就是我的真诚。

那么多读者喜爱我的文字，一定不全是因为我提出的这些建议，而是因为我在说人话。本书中那些真诚的表达即使不能征服你，至少也不会使你厌烦。我希望你把我当成一个朋友，而不是长者或者长官。希望你读我的书就像和我聊天一样，可以打断我，也可以质疑我。

2 重读苏霍姆林斯基《给教师的 100 条建议》

瓦西里·亚历山德罗维奇·苏霍姆林斯基（Василий Александрович Сухомлинский）的名字在中国教育界如雷贯耳。这位苏联著名的教育理论家和实践家曾经在新中国成立后相当长的时期内影响着中国的学校和教师。这不仅是因为我们曾一度学习苏联"老大哥"，更是因为苏霍姆林斯基的教育精神、理念、理论和实践本身焕发着道德与科学的双重力量。他的一些经典话语，直到今天还在被引用。

苏霍姆林斯基是教育史上的传奇英雄。

我敬佩苏霍姆林斯基，首先是因为他创造了奇迹，创造了生命的奇迹。1941 年，苏霍姆林斯基参加了苏联反法西斯卫国战争。他在战斗中身负重伤，两块弹片留在心脏附近的一根血管旁边，长期威胁着他的健康。在战争期间，他的妻子被敌人残酷杀害，出生不久的孩子也夭折了。然而战后，他放着区教育局局长的职务不做，却要求回到学校教育一线，并且为教育作出了那么大的贡献。身体的伤痛和心灵的哀痛，都没能阻止他成为一代大教育家。在不长的生命旅途中，他为我们留下了 41 部著作，600 多篇论文和 1200 多篇文艺作品，他的著作和论文被译成 30 多种文字，我国在 20 世纪 80 年代初的几年中就翻译出版了 20 多部他的著作。

苏霍姆林斯基属于全世界。他不仅创造了生命的奇迹，还为他所任职的帕夫雷什中学创造了奇迹。他是帕夫雷什中学校长，可他不仅当校长，还当班主任和任课教师。他带领全校教师在 20 多年的时间内，将一所曾被德军当作监狱的荒芜不堪的学校，改造成了花园般的世界知名的"教育实验室"。我们在怀念苏霍姆林斯基时，是将他和帕夫雷什中学联系在一起的。

《给教师的100条建议》是值得我们认真读的好书，在这本书的代前言中，苏霍姆林斯基写道："我在帕夫雷什中学工作的年代里，同刚开始工作的年轻教师进行过数百次会见和谈话，收到过他们成千上万封信，从而促使我不得不写这本书。"[1]这本书是一位长者送给年轻人的珍贵礼物，书中，这位长者那么执着而真诚地对我们提出建议和劝告，这些建议和劝告看似浅显，实则是苏霍姆林斯基一生的"积蓄"，他用那么多的实例、体会和经验，把枯燥的教育学、教学论、心理学的基本理论阐述得生动明白。读这本书，不仅是在读一条条独立成文的建议，更是在读苏霍姆林斯基完整的教育思想体系。这本书虽写成于1977年，但其中所传达的真理，在今天仍指引我们，那些关于教育的真知灼见，值得我们一次又一次地重温。在这里我想摘出几句来，让我们一起细细地品味。

在任何情况下都要按照最初的内心冲动所要求的那样做——这种冲动总是最崇高的。但同时，教师还应当会用理智控制自己的内心冲动，不要屈服于自发的情绪。在对学生的错误、冒失，一句话，不正确的行为需作处理时，这一点尤为重要。[2]

要努力使学生把获得知识不当成最终目的，而当成一种手段，使知识不变成静止的、僵死的学问，而经常起作用于学生的脑力劳动、集体的精神生活和学生的相互关系，起作用于生动和连续不断的精神财富交换过程，没有这一过程，智力、道德、情感和美感的真正发展是不可想像的。[3]

[1][2][3] 苏霍姆林斯基.给教师的100条建议［M］.周蕖，王义高，刘启娴，等译.// 蔡汀，王义高，祖晶.苏霍姆林斯基选集：第2卷.北京：教育科学出版社，2001：531，538，575.

教孩子用心灵观察、理解、感觉周围人们 —— 这看来是花园中最为幽香的一朵花，它的名字就叫做情感教育。我们对儿童的爱，应能唤起他敏感的心灵去关怀周围世界，关怀人所创造的一切，服务于人的一切。当然，这首先是关怀人本身。我坚信，在儿童的心灵中培养人的高尚情操，应这样来着手：使他对别人的态度人道化，使这种态度充满一种纯洁、高尚、尊重人、首先是尊重父母的情感。①

在《给教师的100条建议》中，这样的句子比比皆是。我想，不仅年轻教师需要这些建议的引导，中老年教师也需要用这些建议来自省、自励。

在教师的专业学习中，我们见多了大部头的、抽象的理论书、学术书。跟苏霍姆林斯基的著作相比，这些书似乎缺失了灵魂。苏霍姆林斯基的书是灵魂读物。

也因此，苏霍姆林斯基的《给教师的100条建议》，才会一版再版，并长久地留在一代又一代教师的书架上，让我们读了又读，常读常新。

---

① 苏霍姆林斯基.给教师的100条建议［M］.周蕖，王义高，刘启娴，等译. // 蔡汀，王义高，祖晶.苏霍姆林斯基选集：第2卷.北京：教育科学出版社，2001：696

3 寻找生命的意义

教育行业倡导无私奉献，甘做蜡烛，这很对。毕竟我们中许多人当初并不是为了献身教育事业才跳着吵着要当老师的。我们可能没有那么高尚，可也不低俗，因为当老师也不是为了发财 —— 教师是拿铁工资的，几乎没有发财的机会。不得不承认，在走上教师岗位之前，我们之中很少有第一流的人才；在创造财富方面，我们也是缺乏竞争力的一群人。

很多人其实没怎么想过就来当老师了，也就是说，可能大多数教师之所以走进这个行业，并非有意为之，只是因为某种机缘，碰上了就碰上了，毕竟这份职业满足了谋生的需要，而且还挺安稳，有寒暑假期，收入不高也不低，工作忙、累可至少不用担心失业。

正因为任职之前欠考虑，不少教师干了好多年之后回过头来，才发现自己还没有找到工作的意义，因而抱怨和不满情绪自然就多了。

有一本经典的心理学著作一定要读 ——《活出生命的意义》。这本书的作者是维克多·E.弗兰克尔（Viktor E. Frankl），著名心理学家，曾在哈佛大学、斯坦福大学担任教授。这个人很了不得，他的不平凡之处在于，早年他是一个生活在奥地利的犹太人，"二战"时，他的亲戚、朋友全都在纳粹集中营里被杀害了，他却侥幸活了下来。要知道，在集中营死去的人里面，有些并不是被杀死的，而是自杀或者病死的。弗兰克尔发现，那些知道自己还有某项使命没有完成的人，最可能活下来。弗兰克尔被从集中营解救出来之后，把这段经历和他的创见写成了《活出生命的意义》。他后来创办了维也纳第三心理治疗学派 —— 意义治疗与存在主义分析学派，其核心观点可以理解为：再极限的苦难，一旦找到意义，痛苦就不再是痛苦了。

那么，生命的意义在哪里呢？弗兰克尔的观点是：第一，有工作可以做；第二，有人可以关怀；第三，有痛苦可以受。有工作可以做，和身体有关；有人可以关怀，和心智有关；有痛苦可以受，和灵性、精神有关。

套用一下弗兰克尔的表述，我们把教师继续当下去的理由有：第一，有工作可以做 —— 教师这份工作至少让我们衣食无忧；第二，有人可以关怀 —— 有那么多学生需要我们去关怀，其中不乏身处困境的学生；第三，有一些不可避免的痛苦可以领受 —— 我们承受的那些负担和压力可以促进我们思索，从而丰富我们的精神。

给大家介绍《活出生命的意义》，并不是说你要像弗兰克尔所建议的那样来界定你工作的意义。每个人都应该自己去寻找意义，这需要独立思考，而非盲从。不要相信权威，在探寻工作和生命的意义方面，没有什么权威，那些所谓的权威，也许都还没能找到合适的地方安顿他们自己的灵魂；也不要相信众人的意见，大家都说有意义，未必真有意义；即使是我的100条建议，虽然会谈到生命和工作的意义，却并非想要强加给你，这些建议只是用来激发你独立思考。

但无论如何，你要找到充足的理由支持你把教师当下去。哲学家阿尔贝·加缪（Albert Camus）写作《西西弗神话》是要讨论一个问题：如果人生荒谬，没有意义，我们该怎么办？西西弗被天神惩罚，天天要推一块大石头上山，推到山顶，石头又滚下来，他接着推，日复一日永远没有终结。在天神看来，这是比死还要残酷的惩罚，因为西西弗在进行一项毫无意义的劳动。

西西弗也是现代人的一个隐喻。我们每天起床、上班、上课、批作业、抓考试、开家长会、迎接领导检查、评比、写论文、评职称……这些是为什么呢？

有个有意思的现象，很多身家亿万的企业家，早就有几辈子都花不完的钱，但他们工作起来甚至比员工更拼命，比如乔布斯和马斯克都是有名的工作狂，这是因为他们找到了生命的意义。

如果你家财万贯，你会继续当老师吗？

4 成为名师，为什么不

不少地区在推行"一校一品"活动，要求基层学校创出品牌，对此我表示赞同。学校为什么要成为品牌学校？道理很简单，学校作为一个组织，必须有理想和目标，才能把大家凝聚起来，也才会充满活力。成为名校代表了学校的志气和尊严。我觉得，教师也应该努力做到"一师一品"，这代表着教师的志气和尊严。

成为品牌学校，一个讨巧的办法就是"贴牌"。政府推动均衡化建设，给薄弱学校挂上名校的牌子，效果到底好不好，这有待于科学评估，我不敢乱说。但是，要成为名师，却不能靠贴牌，只能靠自己努力，一步一个脚印地成长。

教师的专业成长一般来说有四个阶段：一是新手型，二是成熟型，三是风格型，四是专家型。刚走上工作岗位你是个新手；十年磨一剑你成熟了，游刃有余，应对自如了；进而你有了自己的教学风格，这就快成名师了；进一步努力，成为本学科教学的专家，你就是学校里的一块金字招牌。

在很多人看来，成功的人一定整天是苦大仇深的样子，悬梁刺股，像个苦行僧。其实不然，事业的成功，一靠热情，二靠持久。只要你对某一事业感兴趣，拥有满腔热情，长久地坚持做下去就会成功，因为老天赋予你的时间和智慧足够你圆满地做好一件事情。

成为名师也无所谓早晚。年轻固然有优势，但每个年龄段都有其他年龄不具备的能力，所有人都可以大器晚成。

美国麻省总医院的一项研究，评估了约 5.5 万个对象的认知能力，发现人的认知能力在不同阶段有不同的优势：青春期末期，大概是快到 20 岁的时候，认知处理速度达到巅峰，人们的反应特别快；20 到 25 岁，学习和记忆名称的能力达到巅峰；25 岁到 35 岁，短时记忆能力最突出；45 岁到 55 岁，社会理解能力达到巅峰，人们非常擅长跟人交流沟通；65 岁以上，对语言类知识的把握能力会达到顶点，这也可以解释为什么大家都喜欢听老人讲故事。

巴菲特曾经说：人生就像滚雪球，重要的是发现够湿的雪和一面够长的山坡。我想，成为名师也像滚雪球一样，这个坡很长，沿途还遍布路口，总有一个会让你形成巨大的势能，给你带来新的机会。

你心里可能有疑问："我为什么要成为名师？"那我要反问你："为什么不呢？"

5 为自己的未来投资

把人比作劳动力商品，估计你会不太高兴。从经济的角度看，我们都是劳动力商品，可以在劳动力市场上待价而沽。有一些职业是随着年龄和资历的增长而越来越值钱的，比如中医和律师。教师却未必，如果不能终身学习，终身发展，随着年龄的增长，或许还会贬值。越老越不成器的教师，可谓比比皆是。

为了让自己保值、增值，你就要给自己投资。投在哪里？主要投在两个方面，一是投在学习上，二是投在增加个人阅历上。

首先是学习。学习并不是囤积知识，学习是为了有所改变，而改变总是让人不安，这就要我们走出舒适区。安德烈·焦耳当（André Giordan）在他的《学习的本质》一书中认为，学习首先要有挫败感和危机感，就像我们看到一个东西想买，打开钱包发现钱不够，这叫挫败感，也叫危机感。你原有的认知储备已经无法应对眼前的情境，于是你产生了挫败感。一定要有这种感觉。因为没有危机感就难有学习发生。

舒服地躺在床上刷朋友圈，算不算学习？不算，这其实就像逛街，这里看看，那里走走，这个不错，那个也很赞，顺手把它们都存到手机里，收藏起来，这个时候你获得了某种快感。为什么会有快感？是因为收藏的动作缓解了你的知识焦虑，但这不叫学习。学习必须起于危机感、挫败感，学习必须是为了解决困扰你的问题，否则就是逛街，就是东张西望。

其次是增加阅历。看病为什么老要找大医院的医生？不是为了凑热闹，而是因为大医院医生疑难杂症见得多，见识更广。见识广了，判断力就更强，误诊率就低，治疗方案的决策往往就更准确。

在安排工作的时候，有的老师说"我不做班主任，我只教书"；或者有的老师说"我不教那么差的班，我只教好班"。看上去这些老师占了便宜，可我认为那是便宜了一时，却可能吃亏了一世。做班主任、教差班、跟一个很难相处的同事搭档、承担颇具挑战性的任务，这些都是老师给自己投资。

人生经历中遇到的麻烦事之所以能成就你，是因为这些麻烦事能让你变得坚强，用一个时髦的词来说，就是可以"反脆弱"。运动员天天训练，会导致肌肉拉伤，这是"麻烦事"，但是，这种"微创伤"会调动身体中的资源和机能来弥合，这就使得受微创伤的地方变得越来越强大，从而使运动员的隐性机能由于外在的刺激而显露出来，这就形成了"反脆弱"。

个人的阅历其实就是一段又一段麻烦史，也是一个人的"英雄"之旅。最初，你只是一个普通人，后来你遇到麻烦，你设法解决麻烦，甚至走出家门，来到未知的、充满风险的外部世界。在这个外部世界中，你会遇到导师和伙伴，也会遇到考验和敌人。经过一次又一次的历练，你最终取得了"真经"，曾经困扰你的麻烦问题也得到了解决。你的"英雄"人生从此进入一个新阶段。

艰难困苦的经历有助于成长，尼采说，凡是杀不死我的，只会让我更强大。换作经济学的话语就是，舍不得给自己投资，就不会有增值。

6 反对平庸

一件商品，越是稀缺越值钱。这是因为价格与成本关系不大，却由需求决定。

如果你就是一件商品，一件劳动力商品，你该如何创造稀缺性？那你就要远离平庸，就是"可以平凡，不能平庸"。你可以默默无闻地工作，但你手里要有活，有绝活。为此，你得学会做四件事：一是了解自己的优势；二是了解别人的优势；三是了解自己身处的时空；四是追求卓越。

第一件事是了解自己的优势，了解自己的兴趣爱好，扬长比补短投入更少而产出更大。要经常赞美自己，赞美自己就是在张扬人性中的强势。

第二件事是了解别人的优势，这叫知己知彼。要去做别人没想到的事，或别人也想做却做不成的事。这样你就稀缺了，这叫作差异化发展。

第三件事是了解自己身处的时空，这很重要。"时"就是时势，要融入时代，看看大势所趋。我们都很渺小，都被时代所裹挟，一个节省能量的办法就是顺应历史潮流，不要逆流而上。"空"就是要融入学校，顺应学校特点，了解学校发展方向，在学校中找到自己的位置。把握时空就能把握机遇，总结起来就是"在正确的时间、正确的地点做正确的事"。世界上有很多事情孤立地看都是对的，可时间不到，火候不到，最终可能就是错的。

第四件事是追求卓越。一听到追求卓越你就觉得老调重弹，但我这里所说的"卓越"是相对于"正确"而提出的。我们可以将人才分为两类：正确型人才和卓越型人才。

正确型人才专注于怎么把事情做对，卓越型人才专注于怎么把事情做好。对不对是有明确标准的，好不好则是没有相对明确的标准的。你看，礼仪小姐大概就是正确型人才，她们穿统一的服装，高矮胖瘦都差不多，都接受过统一的训练，她们的动作是整齐划一的，连倒个水都要列队成直线；而明星就是卓越型人才，他们个个不同，异彩纷呈。

正确型人才有模板，卓越型人才没有定规；正确型人才是容易被替代的，卓越型人才无法复制；正确型人才很多，卓越型人才稀缺。

总之，你的价值由你的优势决定。上海市教育功臣徐红，是上海市实验学校校长，她有一本著名的小书《护"长"容短 —— 我的教育随笔》，讲的就是如何让人才变得卓越，而不是变得正确。

只有一些初级的工作才讲"对不对"，教师应该是高级工，得讲究"好不好"。

7 爱惜自己的每一根羽毛

有一句俗话叫作"金杯银杯不如口碑"。由此我想到了，在教师这个行业，"金杯银杯"也许真的没那么重要，"口碑"更重要。如果我们将自己放到更广阔的时空中去"观照"，金杯或银杯都会随时光流逝而不再被人们看重，只有"口碑"可以屹立不倒，扎根在人们心中。

什么是口碑？口碑就是大家对你的印象，然后口口相传。大多数消费者买东西并不去研究产品的具体技术指标，而是喜欢听别人介绍。就像人们对你的印象并非来自学校对你考核的结果。医院里，院长未必真正了解哪个医生医术最高明，同行却知道；学校里，校长未必最了解哪个教师最高尚，同事和学生却知道。如果你打算一生从教，那你就得做好时刻保护你每一片羽毛的思想准备。因为教育的圈子很小，口碑格外重要。

怎样才能在别人口中和心中树起一道"丰碑"呢？只有靠美德。我这并非是对你说教，这是现实。人们总是不厌其烦地评说其他人的德行，一个人的口碑就是这么被别人树起来的。

说起美德，有些美德是简历美德，有些美德是悼词美德。简历美德是指那些在简历中列出的品质，比如你的学历、职称、荣誉证书等；悼词美德是什么呢？你可以想象一下，当你走完这一生，别人在你葬礼上诵读的悼词，里头会写什么呢？一定会写上你的为人，你的行为表现背后的道德品质。

经常想想追悼会上人们会怎么评价你，这有助于你时刻注意爱惜自己的羽毛。

8 在职场中追问一生

刚从大学毕业的年轻教师，一开始不太知道如何当好一名教师。他们发现，大学里学的那么多理论，到了一个个鲜活而迥异的学生面前，顿时黯然失色。理论知识在现实面前总是如此的苍白无力。于是他们就会问："怎么才能上好课？""怎么才能搞定他们？"

不过，陷入焦虑中的不只有新手，在教师职场中"搏杀"了十年、数十年的"老司机"，也常常无奈地说"今天，我不知道怎么当老师了"，或者失望地叹息"我不知道怎么上课了"。

不过，老师们能这样感叹，是值得庆幸的。这至少表明，我们在无奈中希冀改变的不是外部环境，而是自己。时时主动追问这些问题的教师更可能成为一名好老师，因为这些问题看似是教师在追问自己、反思自己，而事实上是在追问这个时代的特征，追问这个变化迅捷时代中的政治、社会、经济、文化变迁对学校教育和教师产生的新需求。成天忙于教书、管学生、批作业的教师，猛一抬头，会发现这个世界简直都不认识了。

其实，人就是在这样的感叹和追问中逐渐走向成熟的。

什么是成熟？

我们把讲道理、有逻辑称为成熟。发展心理学家皮亚杰（Jean Piaget）认为，在青春期前后，孩子的思维才进展到"形式运算"阶段，这时他们有了抽象思维的能力，于是我们说，他们成熟了。不过，有研究认为，达到这一成熟标准的人在西方大概只占成年人的半数稍多一些，还有一项研究认为可能不到四分之一。在教师队伍中，我不知道讲道理、有逻辑的人占比多少，估计情况不会太乐观。

虽然我们把讲道理、有逻辑称为成熟，但这只是起点，更高级的成熟是在原则之外具有变通的能力。曹操可能就是这个水平上的厉害人物，行军的时候为了爱护粮食，他下令说："士卒无败麦，犯者死。"可是曹操的马受惊了，践踏了麦苗。如果讲逻辑的话就应该处死曹操。但是，处死主公，那仗还怎么打？最终大家说："古者《春秋》之义：法不加于尊。"曹操就割发代首，表示自己也对这件事负责了。这就是变通。

我们常说的"变通"，在20世纪80年代被发展心理学家吉塞拉·拉布薇－薇芙（Gisela Labouvie-Vief）所发现。她认为，复杂的社会环境和人们面对所有复杂情况寻求出路所遇到的越来越多的挑战，要求人们的思维不仅要基于逻辑，还要用实际经验、道德判断和价值观做基础。用中国人的话来说，就是"看山不是山，看水不是水"。

学会变通也还只是成熟的中级水平。高级的成熟要彻底放弃二元思维，建立起复杂思维和模糊思维，承认不确定性的存在。心理学家威廉·佩里（William G.Perry）曾经在哈佛大学的新生中做过一个试验。入学的时候，学生们倾向于使用二元思维看世界：这个人是好人还是坏人；这个人是支持我还是反对我。在他们经过大学阶段的学习之后，因为大量接收了来自教授、同学的观点，他们的思想开始变得复杂，开始支持经过深思熟虑后得出的结论，他们不再用简单的思维看问题了。

有个专门术语叫作"青少年自我中心主义"（adolescent egocentrism），描述的是一种自我热衷的状态。在这种状态下的人眼中，全世界都在盯着自己。他们会虚构许多别人对自己的看法，然后用这些看法百般折磨自己。有的人虚构完这类看法后，还会迁怒于别人。有人管这种状态叫作"中二病"，心理学家武志红称这种人为"巨婴"，都很形象。

所以，当有人说你不够成熟时，你一定不要当补药服用，他可能在委婉地批评你：要么你做事不讲逻辑或者理解能力差；要么过于执着原则而不够变通；要么你纠结于谁对谁错而不顾大局；要么陷入"中二"状态，不顾他人感受。

怎么才能成熟起来？那就要在日常工作中不断追问，继续追问，即使暂时没有答案。

9 正确评价自己

评价和被评价是学校里每个人的日常功课。管理层评价教师，教师之间相互评价，教师评价学生，也被学生评价。

有些评价用日常语言表述，有些评价用数量表述；有些评价公开表述，有些评价私下议论；有些评价只在需要时才表述，有些评价将永远埋在心里；有些评价言不由衷，言过其实，有些评价则过于轻率，或存有偏见和误解。

我这里要讨论的，是如何做出正确的自我评价，因为只有自我评价与你的自我发展有关。所谓正确评价主要是指，你不能高估自己，当然也不要低估自己。

高估自己，对自己过于自信而瞧不上别人，这显然会妨碍自己成长。心理学家研究监狱里的囚犯，发现有些犯人不仅认为自己有道德、有同情心，甚至还觉得自己跟普通人一样遵纪守法。你看，囚犯们的自我评价竟然能发生如此严重的偏差。那是不是只有囚犯才会有这样的问题呢？不是，普通人甚至取得较高成就的人也好不到哪里去。一项针对高级人才的研究发现，超过33%的工程师认为自己的表现可以跻身行业前5%，94%的大学教授认为自己的水平在行业的前50%。你看，大家都会"自我感觉良好"，心理学家将这种心理现象称为"优于平均效应"，就是说多数人都觉得自己比平均水平高。

为什么我们很难正确认识自己？在《真相与错觉》一书中，作者塔莎·欧里希（Tasha Eurich）认为有两大原因。

第一个原因是人的思维有很多盲点。我们的判断并不是完全理性的，它常常受到情感和情绪状态的影响。作者还特别提到，我们觉得自己的专业知识越丰富，认知盲点的危害就越大。

第二个原因是人很难摆脱自我崇拜。比如说，我们会花很多时间打造自己在社交网络上的形象，让别人相信我们过得好、很成功、很幸福。这其实就是一种自我膨胀、自我崇拜的表现。有时候，我们不需要自己真的很优秀，只要自己觉得很厉害就行。那么多人发照片都要修一下，也是同样的道理。

对自我和对他人的不对称认识，是普遍现象。人总是过度自信，高估自己却低估别人。下面做个小测试，看看你的自我评价水平如何。

有家公司为了激励员工在工作中达标，提出凡是达标的员工，可以获得一万元奖金。以下三种描述你认同哪一种呢？

1. 想想这一万元能干什么吧，你可以用它给家里换个好一点儿的电冰箱！

2. 把这一万元存起来，可以增加你的财务安全！

3. 想想这一万元意味着什么，它代表的是公司对你业绩的肯定，是对你的重视！

我不知道你的答案是什么。心理学家研究发现，如果问哪个说法更能打动你，人们大都会说是第三条。可是如果问你觉得哪个说法最能打动别人，很多人都选择了第一条和第二条。可见，我们普遍认为别人主要在乎钱，而自己却高尚得多。

教师要获得专业成长，就要保持清醒的自我意识，可是这似乎又不太符合人的天性。于是，任何想要获得进步和发展的教师，首先就要培养自己的反思能力。

我们能不能反思一下，当我们评估社会现实的时候，是不是总觉得这是一个物欲横流的世界？当我们评价别人的时候，是不是总觉得别人不够努力，而领导很不公平？当我们评价自己的时候，是不是总觉得自己是正确的，自己总在受委屈？

如果你总是这么想的话，你很有可能出现了认知偏差。

10 补习传统文化课

一些学校大张旗鼓地将"国学"搬进课堂，让孩子们满操场摇头晃脑，煞有介事地诵读经典，对此我反对。

什么是国学？很多人以为，国学就是指以儒学为主体的中华传统文化与学术。可你知道，儒学从未主导过中国人的全部生活历史，历史上，儒学只是统治者的表面文章而已。当孩子们诵读儒学著作，以为那就是一国之最大学问，却不知那是皇家之学，而历来在百姓日常生活中起主导作用的，也许是道家、佛学、中医、《周易》、戏剧、书画、星相、风水、算术等。

以前根本没有什么"国学"一说，国学之说产生于近代，产生于西学东渐、文化转型的历史时期。到目前为止，学术界还没有对"国学"做出过统一明确的定义，众说纷纭，莫衷一是，而我们却已经急着将"国学"搬进课堂了。将儒家经典堂而皇之地搬进课堂，是对传统文化的狭隘的理解。

我要重申，我反对的是将所谓"国学"贸然引入课堂。我支持的是老师们的书单里有传统文化著作的选项。学一些传统文化知识，对丰富人的心灵世界大有裨益。

读一读近现代儒学大师的著作，是件雅事，比如章太炎先生的《国学概论》，钱穆先生的《晚学盲言》，冯友兰先生、梁启超先生和季羡林先生的著述也十分有趣。

不能没有道家的书。道家崇尚自然，主张忘情寡欲、清静无为，用道家思想滋养我们的内心，治愈烦躁的现代病很是受用。道家主张人性的自由与解放，对教育者也有颇多启发。《道德经》五千言字字珠玑，《庄子》的绝妙文笔和想象力，这些都值得我们细细把玩和品味。

书桌上还要虔诚地安放佛学著作。"佛"是对觉悟者的通称，佛不是单指释迦牟尼。佛学认为，人人可以成佛，处处可以有佛，人在佛中，自然成佛。即便是魔，只要放下屠刀，也可成佛。而若要成佛则要自然而不可刻意，要心如止水，要破除贪、嗔、痴三毒。总之，不了解佛学的基本知识，是没有资格说自己了解传统文化的。

书桌上还不能缺《周易》。《周易》是中国人的思想宝库，是一个无比巨大的信息库，更是值得我们夸耀的灿烂文化。《周易》提出"阴""阳"两个概念，用阴阳来揭示事物的性质和状态。《周易》说"一阴一阳之谓道"，就是将世界上千姿百态的万物和万物的千变万化，都简化地解释为阴阳相互作用的结果。这是人认识世界的一种简约的方式，这种方式至今依然简明而有效。

书桌上不能没有中医书籍。读中医的书不全是为了养生，而是汲取中医中的中国学问。我认为中医是一种文化，不理解中医，怎么能说自己理解中华文化呢？所以，读读《黄帝内经》吧，那是教你达到"真人""至人""圣人""贤人"境界的书。

最后，你书桌的抽屉里还得悄悄地放上星相、风水等方面的书。少了它们，国学总是欠缺的。

要理解传统文化，一定要有西方文明的思想作为参照。

要了解西方文化的两个支柱。一个支柱来自耶路撒冷，也就是犹太教和基督教。《旧约》明确提出，上帝照着自己的形象造人。于是就有了"人人平等"的思想和"完善自我"的思想。另一个支柱来自雅典。古希腊的科学家和哲学先贤为西方世界贡献了理性，即人应该通过理性去探索、研究和改造这个世界。从这两个支柱出发，西方文化的一系列特征获得了生长，同时也正面临巨大的危机。

　　越拿着传统文化与西方文化做比较，就越清楚我们缺什么，以及需要学习哪些。可怕的是，无论传统文化还是西方文化，我们都没有学对、学透，于是只是个"空心人"而已。

11 捍卫专业尊严

离开校长岗位后，我主要从事教育咨询与培训工作。

在教育行业内，我们把教师称为"专业"而不是一般的"职业"，可是，行业外，人家可不太买账的。

教师到底是不是专业？你说你是教数学的，可数学不是你的专业，与专门研究数学的学者相比，你也太浅显了吧。你教英语，发音都不大标准，怎么好意思说你是英语专业的？体育教师的体能和技术，也肯定不如专业运动员……教师如果是个专业的话，应该是"教"的专业，教语文、教数学、教体育……可是，据我观察，相当多的教师在如何教会学生这一点上，并不是特别清楚，或者说，不少教师并没有清楚地意识到自己的课堂教学和管理行为是什么样的，不清楚自己为什么要这么教而不那么教，以至于教学效果不如意的时候，大家无法反思自己的课堂教学和管理行为。不少教师其实只是知识的传声筒，认为只要把科目内容讲完就是完成任务了，他们往往缺乏对学生的"对象感"，却将学习失败的原因推给学生或家长。

我曾看到美国的一项研究，认为大多数教师根本就没有意识到自己的课堂行为是什么样的。当教师和学生配合不成功（如教师重复或复述所提的问题、重新提一个问题），或是教师向学生屈服时（教师把答案直接说出来或是叫其他学生来回答），不同教师的做法会大不一样。与教师的访谈表明，大多数教师并没有意识到自己向学生屈服的程度或与学生打交道的范围，更不用说意识到对某个学生所采取的是什么样的行为了。

如果我们对课堂教学行为缺乏清醒的认识，不清楚自己正在做什么以及为什么这么做，那么，这就是一个直接的证据，证明自己在"教"的方面是缺乏专业准备的。

过去，因为国民受教育水平偏低，有些人只要具备一定的知识甚至只是识字就能做教师。可现在不行。在互联网时代，教师并不是知识的唯一来源。在现代社会，教师的权威性其实是在下降的。如果教师既不能在科目知识和技能方面取胜，又不能在"教"的方面取胜，教师专业受到挑战也就是顺理成章的事了。

教师获得专业尊严的唯一方法，就是要提高自己"行动系统"的水平，让自己成为"教"的专家。具体说来就包括怎样拟订上课计划，怎样决定上课进度，怎样清楚解释教学内容，对千差万别的学生如何做出不同的应对，如何帮助学生建构知识。这些方面我们可能缺得太多。

如果有人问医生："你为什么给我开这个药？"医生甲说："我认为你就该吃这个药。"医生乙说："我以前病了我爹就给我吃这个药。"医生丙说："你这个病之所以吃这个药，是因为我们做过三期临床实验了，对你的病症有效且安全，放心吃。"请问你会信任哪个医生？要我的话，肯定相信第三个医生，因为他更专业。

今天如果家长问你："老师，你为什么布置这几道题作为作业？"你回答说"我认为作业就该做这几道题"，或者说"我以前就布置这些题的"。如果你这么说，当然就不会有什么专业尊严。你一定要这么回答："我们经过研究，为达到这一单元的目标，依据课程标准、学情和学习规律，决定给学生布置这几道题。"如果这么回答，你就有专业尊严了。

12 为竞聘者颂

我当校长时，一直坚持让老师们竞聘上岗。不仅教师上岗要竞争一下，中层干部上岗也要如此。相比于直接安排工作岗位，竞聘上岗的实施过程麻烦多了，但为什么一定要"折腾人"呢？

我把这种折腾称为"激活"。从"要我干"到"我要干"，这就是激活。我坚持认为，没有内部人员之间的竞争，就不会有充满活力的学校。但是，我们的竞争又是建立在合作的基础之上的，我不主张个体和个体比拼，我们学校的竞聘对象是教师团队。无疑，团队之间的竞争，有利于促进团队内部的团结。

其实，被激活的不仅是工作积极性和团队精神，还有教育的梦想和创新精神。我主张充分授权，只要团队是竞争上岗的，这个团队就实行自主管理，团队还能给自己排课表，甚至有权设计课程。将教学自主权还给教师，是激活教师教育梦想和蓬勃创造力的前提。

在我看来，老师们参与竞聘实际上是在接受一场洗礼。我在动员老师们时说："要学会生存，就要勇于争胜，美好的未来要靠自己来创造。要学会问自己：在面临一次又一次选择的时候，我的愿望是什么。我们其实已经有了许多自由选择的权利，我们不应该习惯于依附别人或依附组织的安排。有时候，我们安于现状，是担心别人议论；我们人云亦云，是不愿甚至不能听到自己心底的声音。当我们心中有歌却不能纵情高唱的时候，这样的人生是不幸的。我们甚至不太主动向往自己的幸福，不去追求只属于自己的人生。如果安于庸碌一生，年长之后，却又嘲笑起下一代，嘲笑或遏制下一代大胆追求幸福的言行，这就是双重的不幸。"

我任职的学校，新教师比较多，他们可能会问："我才参与过一轮又一轮竞争，好不容易才当上教师，怎么又要和同事们竞争了呢？考大学是竞争，考研究生是竞争，考教师又是竞争。我们已经证明过了，一次又一次证明我们是少数的赢家，难道这还不能说明我们能胜任工作吗？"

我的回答是："是的，你们是赢家。但是还真不能高估手里的那张文凭，因为你们的学历和文凭并不能代表你们的技术能力和知识水平。从小到大，你们接受学校教育，通过一个个关卡，就会得到一张张被称为'文凭'的纸，根据纸和纸之间价值的差异，社会把它们区分出不同的等级，我们也给这种等级起了个名字，叫作'学历'。但说起近年来的文凭贬值，恐怕我们每个人都有切身的体会。人们对本科学历已经习以为常，硕士、博士学历也失去了往日的光环。在许多地区的教师招聘要求中，硕士学历已经是底线要求了。"

为什么文凭会贬值？主要不是"纸"超发了，而是这张纸从来就不能代表你有什么真才实学。只要走进课堂，一开讲你就能大致评估，高学历到底给了你多少有用的知识和技能。我们都会听到那些刚刚进入社会的大学毕业生抱怨"在大学里学到的知识没用"，是的，是真的没多大用。

不仅学历与你的实际能力关系不大，那些受教育程度更高的人创造的价值，也不见得都会比普通人更高，这些高学历的人有时工作效率反而更低。甚至一个国家的经济发展水平跟这个国家的教育水平之间，也并不存在显著的相关。

如今，教育机构发放的文凭数量大大超出了社会的需求。这是为什么呢？这是因为教育系统其实承担着一个重要的社会功能，那就是通过把一部分适龄劳动力留在学校接受教育来调节就业市场，防止失业率攀升。同时，超发的文凭还可以制造大量原本不必存在的"闲职部门"，而这也有助于降低失业率、保障就业。关于文凭贬值的话题就此打住，这不是我们讨论的重点。

回到主题上，虽然大家经过重重考试关卡，手里拿到了一沓子文凭，可是对不起，进了学校的门，真正的考验才到来。我对我们学校的老师们说："是骡子是马，拉出来遛遛。"

13 让敬业精神照亮学校

有一种精神叫敬业精神，具体表现为：人在工作时忘我投入，并将工作与自己的生命紧紧地维系在一起。

"敬业精神"并非一种高不可攀的献身精神，敬业精神是一种世俗的精神。具备敬业精神的人，往往只是认真，对工作认真，对自己也认真。为了对得起自己的良心，他们将工作尽可能做到完美，这样他们心里才好受，才"心安理得"。我们说某些人缺乏职业精神，主要是说这些人的工作哲学是"混"。他们的心灵是灰暗的，不仅自己混，还见不得别人努力。

敬业精神为什么很重要？那是因为工作并不让人快乐。不仅教师工作不能使人快乐，实际上没有什么工作能使人真正快乐的。在你能想到的每一项工作中，都存在着使人不快乐的因素。所以，你想把工作做好，敬业精神不可少。

管理学大师弗雷德蒙德·马利克（Fredmund Malik）认为，"快乐工作"只是一种乌托邦式的幻想。关于"快乐工作"的假设，本身就存在一个错误。你想，如果我们对目前的工作感到很快乐、很满意的话，怎么有动力去提升绩效，推动变革呢？说到底，变革的动力不来自快乐和满足，而来自对现状的不满。所以，这里存在一个明显的问题，"快乐工作"和"持续改善"本质上是不兼容的。

马利克还举例子说，很多指挥家并不喜欢总是出差、住酒店、排练，虽然这是他们的工作，但如果很多次排练同一首乐曲，他们就会对这首曲子失去兴趣。再比如，一名飞行员，整天飞来飞去，听着也很酷吧？实际上，飞行员的大部分时间都是在执行十分常规的飞行任务，谈不上有多大挑战，工作过程相当乏味和无聊。

回到教师工作，在没有当教师的时候，想想，当教师挺不错——孩子们簇拥着你，聆听你的教诲。上岗后就会发现事情没那么浪漫，他们捣蛋，搞破坏，不爱学习，考试成绩差，常常把你弄到心力交瘁。你能干好工作的关键词是"忍受"，而不是什么快乐。

顺便说一句，领导者没有必要去刻意激发员工的工作热情，因为这个东西既不好衡量，又难以持续。如果一个组织的运转必须建立在员工的个人热情之上，这是很危险的。比热情更重要的是稳定的产出、持之以恒、尽职尽责。不仅常规工作如此，主要依靠创造力的工作也同样如此。

虽然工作过程并不一定能带来多大的乐趣，但是具备敬业精神的教师，会因为敬业而赢得同事、领导、家长和学生的尊重，而且更有可能比他人取得更好的教学成绩，敬业带来的良好结果会给你带来正反馈。

具有敬业精神的教师，会将职业当成"志业"。"志业"这个词听起来有点拗口，用英文表述叫"calling"——召唤，上天的召唤。所以有人把它译成"天职"。就是说，你活在这个世上，做各种各样的事，说各种各样的话，不是出于功利的考虑，而是出于一种强烈的使命感。

明朝大儒王阳明就是这种有强烈使命感的人。他在读私塾的时候，有一天突然问老师读书的目的是什么，老师说读书的目的就是像你父亲那样中状元，然后做官。对老师的这个回答，王阳明很不屑，他对老师说，读书不是为了中状元，不是为了做官，而是为了做圣人，做像孔子那样的圣人。

世界上的快乐不多，如果有，那快乐也更多是敬业精神的副产品。

14 要成长，请反思

　　教育工作是一项十分复杂和不确定的劳动，工作现场要求教师能随机应变，这是教师专业的实践性和情境性决定的。尤其是课堂教学，具有很强的互动性和生成性，几乎没有固定的模式和技巧可以简单套用。

　　什么是优秀教师？优秀教师就是那些总是能凭借自己对教育教学的理解和领悟，对灵活多变的情境创造性地做出自主判断和选择的高手。因而，在长期的实践中积累起来的、在行动中反思得来的缄默知识，是教师发展的基础。正因此，反思能力被认为是教师持续发展的一种必备素质。只有学会反思，你才能不断矫正错误，不断探索，走向新境界。

　　什么是反思？反思是一种自省和内省。反思往往是对我们自认为理所当然的知识、观念发起挑战。在约翰·杜威（John Dewey）看来，反思，或者说反省思维，就是"对某个问题进行反复的、严肃的、持续不断的深思"。

　　在教师成长理论中，美国教育学者乔治·J. 波斯纳（George J. Posner）曾经提出过一个著名的"教师成长公式"：教师的成长＝经验＋反思。他指出，没有反思的经验是狭隘的经验，至多只能形成肤浅的知识。只有经过反思，教师的经验方能上升到一定的高度，并对后续行为产生影响。

　　反思非常重要，可是人的本能是"正思"，而不是"反思"，有时候，即使事情遇到障碍而过错在自己，一般人也会倾向于将责任推向外部，而不是做自我反省。根据皮亚杰的理论，每个人都有自己的图式，人带着固有的认知、习惯去认识世界，一旦外部信息与旧图式不一致，人会本能地筛选符合自己图式的信息，而不是修改旧图式。

一个善于反思的教师，是一个能与自己进行专业对话的人。自我对话就是自己跟自己讨论以促进自我反思的方法。在自我反思中，人的头脑中有两个人，一个人是自己，还有一个人扮演专业标准。掌握专业标准的那个人时时检验自己是否达到专业标准，这有利于更清楚地看到真正的自我。布鲁纳（J. S. Bruner）认为，教育过程很大程度上包括一种能力，即通过反思自己的思想，从而以某种方式将自己不知道与知道的区分开来的能力。

一个善于反思的教师，绝不会推卸自己的专业责任。什么是推卸责任？比如说，你精心设计了教学方案，可是没有达到预期目的，于是你责怪学生不配合，甚至迁怒于领导不公平，把差班派给你，或者责怪这个班的班主任没把班带好，或者批评家长不配合……如果你不去思考自己的教学设计和实施过程是不是存在问题，而是一味指责他人，这就是在推卸专业责任。孟子有句名言"行有不得，反求诸己"，意思是说，如果行动上没有达到预期的效果，应该先从自己身上找原因。或者说，你想要改变外部的行为，就得先从改变自己的行为开始。说得真好。

一个善于反思的教师，会主动听取别人的看法，接受来自外部的反馈。因为，别人看待我们，通常比我们看待自己更加客观，视角也更丰富、更完整。但是，碍于情面，人们通常不会主动说"坏"话，那么如何去挖掘别人对你的真实想法呢？在《真相与错觉》一书中，欧里希建议，去找"富有爱心的批判者"来获取建议。

什么样的人是"富有爱心的批判者"呢？首先，你们俩都能坦诚地说出真实想法。中学语文课本里的《邹忌讽齐王纳谏》，说的就是这个现象。你要找的"富有爱心的批判者"要是你真正的朋友,他愿意看到你获得成功,而不是只顾及你的面子。找到了对的人,你还得认真听才行。很多情况下,人们好心提出建议,我们却不肯听,宁愿像鸵鸟一样把头埋到沙子里。

直面问题是令人痛苦的,这就是成长的代价。

15 做个"大女人"

估计本书的女性读者居多，毕竟教师群体中女性朋友占多数。说实话，女性至今依然处在不利的社会地位中，这妨碍女性朋友们成长。

先问大家一个问题，你觉得男孩和女孩谁的数学会更好些呢？估计大多数人都会认为男孩更强。可真相是，人类大脑在应对数学问题方面并不存在性别差异。可是凭观察就知道，总体上确实存在男孩比女孩数学更好的现象，而这主要是文化塑造的结果。女孩从小就听说自己数学不如男孩，在心里相信了这一点，等于是从小埋下了一粒种子，而后每次遇到难题时女孩就会想："我是女性，难怪我做不出来。"心理学把这一现象称为"自我实现预言"。陷入自我实现预言的女孩，就像遭遇了魔咒，不再会与"命运"抗争了。"男性的抽象思维能力、空间想象力等与理科表现相关的能力强于女性"这样一个在很多人心中根深蒂固的偏见，根本没有得到生理学上的支持。

我还记得，上小学的时候，成年人评价班里学习成绩好的女生是这么说的："女孩子后劲不足，到了初中，只要开始学物理、化学，男孩就更有优势。"现在看来，这个说法完全没有道理，是对女性赤裸裸的歧视。而如果你当真了，那就真的可能一语成谶。

社会对男性和女性的刻板印象可以用两个常见表达来概括：大男人，小女人，而这同样完全没有道理。作为女性，如果你信以为真，那么后果必然是停下成长的脚步。如果你说"我就是个小女人"，那么潜台词就是"我缺乏雄心壮志""女人不该很辛苦""不该做得太好""我是不能独立解决问题的"。一旦将自己定义成"小女人",每次犯错后,你就更容易推卸责任,用你的性别作为事业上表现不佳的借口。所以,我给女性朋友的建议是,要勇敢地做个"大女人"。有英雄气的大女人更可爱,不要害怕自己太勇猛。

大女人是什么样的?

影视作品中的女强人形象往往也是刻板化的:短发,职业套装,妆容精致,风格凌厉,平常总板着脸。这不对。大女人并不意味着要像男人,大女人是强大的人。无论男女,所有强大的人,都应该具备以下特点:

1. 有强烈的进取心。强大的人都是些高自尊的人,在学业和事业上都会竭尽全力。

2. 理性而富有逻辑。强大的人不被情绪裹挟,讲求因果规律,通俗地说就是"讲道理"。

3. 坚强。女性其实比男性拥有更强的耐受力,这可能和她们需要忍受生理疼痛和生育带来的痛苦有关。坚强并不是男性的招牌。

进取心、理性而富有逻辑、坚强,都是强者的素质,也是一个"大女人"的特征。这些宝贵的品质属于人类,绝对不只是男性才能享有的特权。

事实上,拥有这些品质会让女性变得更美。当然,男人也要学会欣赏这种美。

16 倾听自己的声音

马丁·海德格尔（Martin Heidegger）说，人是被抛入这个世界的。我们无法选择自己的出身，无法选择我们出生的时间、地点和社会环境，也无法选择自己的父母和亲人。我们就这么匆匆地来了。但是，来了以后，就要活出自己的样子。人生是活出来的，不是被注定的。

很多人说，要寻找真正的自己，做最好的自己。怎么找？当然是寻找自己真正擅长的领域，寻找自己真正感兴趣的内容，寻找自己真正的热爱。这当然是在寻找自己，是在做自己，但这还不够。这么做其实也还是认为有个特定的自我，这个自我是被外部注定的，或者老天预装给你的一个软件，在潜在地影响你命运的走势。这是不对的。

不要以为只要找到了真正的自己，就知道自己应该做什么，知道怎样度过一生了。其实，自我不是我们找到的，而是构建出来的。构建的方法，就是讲一个关于自己的故事。照美国心理学家丹·P. 麦克亚当斯（Dan P. McAdams）的说法，这叫作"个人神话"。他认为，我们的个人身份不是具体的身份标签，也不是成就，而是这个故事本身。正是不同的"个人神话"切实地影响我们的人生。

比如，在遭遇不公平对待的时候，如果你认为自己的人生就是不幸的，那么就很可能会觉得这是自己命中该有的劫难。而如果你心中的"个人神话"是 ——"我是一个不断'将不可能变成可能'的创造奇迹的英雄"，那么你可能就会选择抗争和改变。你有一个怎样的"神话故事"，就有一个怎样的你。想要改变自己的命运，就要设法修改自己的"个人神话"。

怎么修改自己的"个人神话"呢？

麦克亚当斯认为，构成我们"个人神话"所需的材料，都像一颗颗珍珠散布在我们的脑海里。而我们需要做的，不是找来新的珍珠或者宝石，而是选择合适的珍珠，并且把它们穿成合宜的珍珠项链。

于是，修改"个人神话"就需要与自己对话了。麦克亚当斯建议在心里或纸上聊以下四个关键内容：一、你过往人生中的关键事件；二、与你人生密切相关的重要人物；三、未来脚本，你想要什么和想做什么；四、自己的价值体系，你的意识形态。

你和自己对话，就是在认真梳理以上这四个维度的细节，这样就可以对自己的人生主题、人生中的重要线索有一个更加清醒的认识。

但是，倾听自己不是最终目的，修改个人神话才是最终目的。我们往往需要构建一个新故事，积极地完成"个人神话"的转型。这个过程虽然有点儿艰难，但却是值得尝试的。

17 要有精神空间

我们有时候骂一个人，说他简直不是人。但是我们不会对着一头猪说它简直不是一头猪，那是因为猪就是猪，而人有两个人：一个肉身的人，一个精神上的人。

完整意义上的人一定是有精神空间的人，但是这个空间经常会被挤压，被世俗利益挤压。俗话说，谈钱会伤感情。意思就是说，当我们讨论钱的时候，精神性的东西往往就会靠后。在学校里，当我们讨论绩效工资的时候，精神世界就有可能靠后了。

就我的观察，中小学校的绩效工资改革，可能有对教师的精神世界造成伤害的风险。而教师恰恰在很大程度上是将自己的精神世界作为职业资源的，这使得教师往往并不以实际的、可被清点的收益而获得尊严。不仅是教师，其他行业也存在这样的情况。大量研究表明，将工作视为使命的员工在"工作和生活满意度"等主观指标上，往往比主要将工作视为谋生手段的员工得分更高。

是什么构成了教师的精神空间呢？建造精神大厦的材料不多，却是永恒不变的。比如理想、信念、美感、思索、情感、道德，等等。正是这些构成精神世界的要素，不仅使人与其他物种区分开来，而且使人与人之间也有了显著差异，有了精神上的贵族与乞丐之分。

令人担忧的是，所谓现代化的统计方式 —— 过度的量化，几乎使学校与教师特有的精神价值受到冲击。尽管谁都知道精神难以度量，但数字已统治了这个世界，学校也在其"魔掌"之中。绩效工资将教师分为三六九等，便是这种思维的结果。愈是如此，教师坚守人类精神家园的责任愈是重大。教师既要在科学与技术领域成为学生的导师，又要成为人类精神的守望者，这谈何容易啊！于是，绩效工资改革，与其说是教师群体关于评价与分配的博弈，不如说是教师个体灵魂的挣扎。

下面讲讲小说《杀死一只知更鸟》里的故事，看看大家能否有所感悟。

20世纪30年代，在美国南方的一个小镇上，一个黑人男孩和一个白人女孩谈恋爱，遭到女孩父亲反对，女孩父亲就诬陷这个黑人男孩强奸她女儿，无辜的黑人男孩被告上法庭。这时，小说的主人公，一位律师挺身而出，冒着自己家成为白人居民泄愤对象的风险，主动为男孩辩护。

律师的女儿问爸爸为什么要替黑人出头时，一段广为人知的经典回答来了：

> 我现在只能说，等你和杰姆长大后，也许你们会带着同情和理解回顾这件事，也许会对我没有让你们失望而心怀感激。这个案子 —— 汤姆·鲁宾逊的案子，它在某种程度上触及了人的良心和道义的本质 —— 斯库特，如果我不去帮助这个人，我就再也没脸上教堂去礼拜上帝了。[1]

女儿反驳说："大部分人好像都认为他们是对的，你是错的……"

律师淡淡地回应道："但是在我能和别人过得去之前，我首先要和自己过得去。有一种东西不能遵循从众原则，那就是人的良心。"

我在想，在面临不公平的时候，一个精神世界充盈的教师也可以在心里说："我在接受绩效工资对我的评判之前，首先要接受自己。有一种东西不能在世俗中沦陷，那就是自己的良心。"

---

[1] 李.杀死一只知更鸟：纪念版［M］.高红梅，译.2版.南京：译林出版社，2012：129.

18 对美好的事物应保持敏锐

存在两种截然相反的人生哲学，一种是所谓"看破红尘"，以为这个世界已无法拯救，人本身也无法自救，那是个悲剧性结局的世界。因此，持这种观念的人多半消极厌世，希望早日结束世俗的噩梦，进入极乐的天堂。还有一种则是"入世"的，十分珍惜生命，珍惜活着的每一天，去尽情地享受一切，享受一切拥有，包括苦难与挫折。因此，这种人对来世不存什么奢望，在并不算漫长的一生中，活过了，爱过了，痛过了，感动过了，便死而无憾。当然，更多的人没有明确的人生哲学，他们趋利避害，害怕苦难，追求快乐。

我主张积极入世。本书就是一个积极入世的人写给积极入世的人读的。对于生活在现代社会的人来说，为了更好地"入世"，恐怕极需要提防的就是对美的感知力的下降。

我觉得一切美好的事物都不应该被错过：这个世界如此美好，甚至令奄奄一息的人都舍不得撒手。吃的、喝的、听的、看的，一切自然之物都值得留恋。会享受生活的人，每到享受的时候，神情总是非常专注。

人类的伟大在于，人创造了"第二自然"供人享用：音乐、艺术、文学，等等，对自然物进行概括、提炼、吸纳、改造、再造、渲染、强化、提升之后，人从人造的景观中获得更高层次的快乐。这些精神产品甚至改造了人以及人的精神品质。然而，可惜的是，精神产品的普及却不能激发人们享用精神产品的热情。在一个实用主义盛行的年代里，精神产品的媚俗势不可当，快餐文化主宰了精神世界，降低了人的精神品质，也使现代人对美好事物的感受力下降了。

《登鹳雀楼》这首诗你太熟悉了吧！现在你登上城市里的一座高楼，看着脚下的人群，看着熙熙攘攘的街头，还有来历不明的雾霾，你心中五味杂陈。这时，你会不会突然起了诗意，奋笔写下"欲穷千里目，更上一层楼"呢？估计你不会。唐朝诗人王之涣却会，虽然登上鹳雀楼的那一天，他未必不是身处同样繁华的情境，市井之声一定也不绝于耳，可他感受到了诗意。而当今社会的主要问题是人的麻木。所以《未来简史》的作者尤瓦尔·赫拉利（Yuval Noah Harari）说："我们需要面向自己内心的体验，以最大的敏感性来观察它，在实践中，这意味着追求知识的方法要靠多年的体验积累，并锻炼敏感性，好让我们正确理解这些体验。"我认为他说得对。

其实，对美好事物的向往是人类的天性。人的感官是天生的美好事物的捕捉器，享有一切美好事物是人的本能。即使在丑恶与黑暗的年代里，人的内心依然天然地保持着对美好事物的期盼。对美好事物的捕捉与时代无关。

教师实在是一个入世的好职业，学校里不缺美好的人和事，缺的可能是心境、胸怀和敏感。一个享受现世幸福的教师，见到学生时，心中会如王之涣般燃起诗意。

19 享受生活

生活是用来过的，更是用来享受的。

有考古学家和人类学家深入考察了非洲的布须曼人部落，那里地处偏僻，生存环境恶劣，数万年来他们都以狩猎采集为生。不过，他们每周只需要劳作 15 到 17 个小时就能养活自己。每周只工作 15 到 17 个小时，为什么多少人梦寐以求的事，布须曼人却能普遍实现呢？美国人类学家马歇尔·萨林斯（Marshall Sahlins）说："欲望很容易得到满足，要么增加生产，要么减少欲望。"显然，布须曼人选择的是减少欲望。

古人在一些方面可能比我们活得更好，还因为他们的工作比我们更确定。根据社会学家汉娜·阿伦特（Hannah Arendt）的理论，工作其实可以分为三层，劳动（labor）、工作（work）、行动（action）。

最下一层是"劳动"。扫地、搬砖、工厂做工，这种单调重复的体力活都是劳动。

最上一层是"行动"。环保、登月、创业，这些每天面对高度不确定性的活动叫作行动。

中间一层才叫"工作"。工作有什么特点？工作让我们清清楚楚地知道结果，要做的只是把它干出来。

现代社会，为什么那么多人感到不快乐？因为有些人的工作下沉到了"劳动"层面。人类进入工业化时代以后，分工更细，在一个庞大的系统里，劳动者沦为微不足道的螺丝钉。劳动的结果几乎与他们无关。

还有一些人，他们的工作上升到了"行动"。比如，基金经理，他们往往不知道自己哪个动作是有效的。

传统社会，为什么人可能更快乐？按照阿伦特的理论，是因为他们的工作在中间层，他们努力就有结果，正所谓"种瓜得瓜，种豆得豆"。这种生活的踏实感、确定感，是古人的幸福之源。

为什么教师工作常常让人不快乐？按照阿伦特的理论，有时候你像是在"行动"，即使你很努力了，也未必有成效，因为教育工作很复杂，结果是不确定的，工作中充满意外，你像个赌徒。而有时候，你又像是在"劳动"，你在如同工业化的流水线上，备课、上课、批作业、抓考试，还要迎接没完没了的检查、考核，工作细碎，缺乏意义感。

我们活着，似乎成天在赶路，脚步匆匆，不敢稍停一下，生怕一旦懈怠便再也赶不上别人的步伐，可谓"惶惶不可终日"。

那怎么办呢？回到古代？当然不是，而是要努力适应现在。我开的药方就是用享受生活来应对现代病。

享受生活其实并不难，只要打开自己的感官。每天给自己一小段闲暇，平素里再平凡不过的点点滴滴，只要你静下心来细细地品味，其实都有无限风光蕴含其中。

妨碍你享受生活的，很可能是你的心智模式。因为被现代社会驯化，人们普遍形成了一种不良的心智模式：人应该做有用的事，不能浪费时间。追求事事有用，用术语来讲，就是跟过去与现在过度拟合（overfitting）。但是过度拟合带来两个问题：一是局部最优并非全局最优；二是没有余地，无法应对变化。

首先，事事有用，达到了局部最优，放大尺度来看，却未必最优。由着压力来推动日程，后果就是关注过去胜过未来，关注内部胜过外部，关注小事胜过方向。你很可能赢了一场战斗，却输了一场战争。

举个教育上的例子，孩子从小练字，但是手指还没有发育好，要把字写好只能肩背一起用力，结果，赢了字，却输了写字姿势。

其二，眼下是最优的，可是没有为未来留有余地。为什么人们会常常说"小时了了，大未必佳"？是因为孩子们的未来被透支了。孩子们一定要有时间玩，要做一些没有用的事，要有一些自由呼吸的空气，这样才对。否则将来环境一旦变化，就可能直接被淘汰了。

谷歌的成功是有目共睹的，其实他们做了很多"无用"的事。有人列出了谷歌这些年投过巨资却最终放弃的业务，徽标加起来要一面墙才放得下，还没算上谷歌现在投的。其实，无论组织还是个人，小则保有元气，大则为将来播种，都要做点"无用"的事。这就是为什么我强调要去享受生活。

教师可以做哪些"无用"的事呢？你可以与大家交流呀，唠唠家常；你可以培养自己的兴趣爱好呀；甚至发发呆也好。总之，要给自己享受生活的时间。

20 让我们现代起来

不少人批评现代化，认为现代化破坏了人们原初的生活，让人不再有怡然自得的神情，现代化让人们为生存奔波，承受过多的焦虑和紧张。

现代化固然有不少缺点，可放在我们面前的已经不是要不要现代化的问题，而是我们能不能适应现代化的问题，是我们会不会被现代化淘汰的问题，以及我们如何在现代社会里既保持竞争优势又不使精神萎缩的问题，是我们如何成为现代人以适应现代化的问题。这些问题与每个教师相关。你说一句"我老了"，老了就可以困守"古老传统"而只让年轻人去现代化吗？我觉得这不对。因为只要在学校工作一天，你就有一天的责任成为一个现代意义上的人，而后将现代化的思想观念用现代的方式传递给学生，使他们可以从容应对未来社会的挑战。

为了更好地理解现代的含义，让我们先来了解人类遥远的过去。

人类在地球上生活的时间里，95%以上的时间都过着狩猎采集的生活。他们只需要花很少的时间就能生存。他们狩猎、采集、捕鱼、建造，等等，这些活动都是为了解决基本的生存问题。完成这些任务后，他们通常将剩下的时间都用来休闲娱乐。

后来进入农业社会，人类的工作时间大幅延长了，而且劳动强度也显著增加。为什么呢？因为从播种到收获至少要几个月，期间需要不停地锄草、施肥、浇水、看护，付出的时间当然比狩猎和采集长得多。

再后来进入工业社会，也就是我们说的现代化，至今两百多年。时间虽不长，却彻底改变了人与人、人与自然、人与工作的关系。我们可以用"欲望""效率"和"价值"三个关键词来概括这两百多年。

一是"欲望"。原始部落里人与人之间相对比较平等，人的欲求比较低；而到了工业化时代，两极分化加大。在贫富分化较严重的社会里，人们总是感到资源稀缺，因为你总会遇到一些比你更富有、掌握更多资源的人，于是，现代社会必定物欲横流。

二是"效率"。在欲望驱使下，人们会想方设法追求"效率"，人类的口号当然就变成"时间就是金钱，效率就是生命"。可是，进入移动互联网时代，效率进一步提高了，而人们的工作时长并未减少，"996"也很普遍，可见，效率提高并不能降低欲望。

三是"价值"。一个奇怪的现象：为什么有些人早就实现财富自由了，却还要工作呢？这已经不是简单地用欲望就能解释的了。现代人除了欲望和效率，还要价值和意义。

现代人所做的大部分工作，都不再是直接解决人体所需的食物和能量问题，而是为了让人有更高的发展。他们会希望自己的工作能为他人、为社会，乃至为全人类创造价值。工作成绩被认可，可能要比多拿到一笔工资更让他们感到愉悦和满足。重视价值感的人，不会把自己变成只会赚钱的工具人，他们能保有自我的人格和精神世界。

下面我们要小结一下什么是现代社会：物欲横流，效率优先。这些都是工业化带给人类的。可是，人类之所以没有被异化成工具，反而越来越离不开工作，是因为我们可以从中找到生命的意义。做一个现代人，要有欲望，要有效率，你才有竞争力；同时，要寻找意义。

21 自我启蒙

人的认知是分等级的。大体上说，第一级水平是古典意义上的，也叫作前现代，这个水平讲信仰、讲忠诚；第二级水平是现代意义上的，讲理性，讲真理；第三级水平是后现代意义上的，后现代的人们认为并不存在绝对的真理，后现代讲多元。

今天我们讨论启蒙问题，就是在探讨第二级水平，关于人的现代化的问题。

关于什么是启蒙，伊曼努尔·康德（Immanuel Kant）在 1784 年的著名短文《什么是启蒙》中讲得很明白："启蒙运动就是人类脱离自己所加之于自己的不成熟状态。"也就是去除"蒙蔽"在"真实人性"之上的一切巫术、迷信、假权威、盲目的偶像崇拜、僵死的教条等。因为正是这些东西，蒙蔽了人们的认识，压抑了人们正常的、合理的欲望。

现代化主要就是一个去除蒙昧的过程，也是自我觉醒的过程。这个过程的起点是"认识自我""了解自我"，尤其是认识和了解自己的真实需要和潜质，自信地面对和拥抱纷繁芜杂的客观世界。在这个世界里，从来就没有什么救世主，只有靠自己去创造自己的人生价值，从而实现自己幸福的梦想。

作为一个现代人，教师应该是理性的，应该借助理性克服无知、愚昧、轻信和偏见。现代教师都能理解下列词语："自由""平等""民主""科学""个性解放""宽容""怀疑""自主""独立""天赋人权""契约精神""法治""效率""潜能开发""发展进步""竞争与合作"，等等。不是简单背诵，而是真正理解每个词的含义。

那怎么才能加深理解呢？

我们当老师的都听过"为理解而教"这一教育理念。它的意思是，教师不能仅仅做知识搬运的工作。在课堂上机械地讲授知识，或许可以实现"了解""知道""记忆"这一类认知目标，却很难让学生达成对知识的"理解"，这就要求我们为他们创造深度学习的机会，让学生自己去探究，去做理性思考，去真实世界中解决真实的问题。

那么，回到我们的主题上来，怎么才能加深我们对现代价值观念的理解？那就要靠我们自己在日常生活和工作中去深度思考，去实践，去真实世界中解决教育教学中的问题。这就是"自我启蒙"吧！

我认为，对于教师来说，首先要自我启蒙，现在还没有到讨论后现代的时候。没有完成启蒙任务却过早讨论后现代，在哲学上可行，在现实中，却可能因为太过急进而导致"精神缺钙"。

22 做自己的主人

难道人不是自己的主人吗？我们自己走路，自己吃饭，自己工作，自己挣钱养活自己，这不就是自己在做主吗？我们虽然不能自己生自己、自己把自己带到这个神奇的世界里来，但我们至少可以决定什么时候让自己离开。如果哪一天不想苟活，我们有权裁决自己的寿限，怎么可以说我们不是自己的主人呢？

我要用一个术语来讨论关于主人的问题，那就是自由意志。什么叫有自由意志呢？就是你这个决定，完全独立于过去和现在的一切外部原因。你就是你，不受任何因素控制，完全由你做主。就像当初决定考教师资格证，决定做教师，决定投简历，决定来面试，拿到录取通知书决定来上班，虽然被领导批评了还是决定留下而不是离职，这些都是自由意志的结果。

可是人真的有自由意志吗？

20世纪80年代，美国神经生理学家本杰明·李贝特（Benjamin Libet）做了一个实验，证明了"人并不存在自由意志"这个观点。实验是这样的：受试者要做一个简单的动作，比如选择打开还是关上一个开关，同时，科学家通过脑电图观察受试者大脑的活动，结果发现在受试者意识到自己选择怎么做的几百毫秒之前，他的大脑其实已经做出了选择。李贝特认为，人在有意识地决定行动前，大脑内部就已经启动了这个行动。

现代科学认为，人类的所有行为都可以用机械的因果定律进行解释。科学家普遍认为，是神经元触发决定了人的全部思维、希望、记忆和梦想，而不是部分。比如说，大脑的化学变化可以改变行为，所以酒精和抗精神病药物能对我们产生影响；再比如说，普通成年人在患脑瘤以后可能变成杀人犯或者恋童癖，因为人们非常依赖脑灰质的物理性质。总之，科学界的一个共识就是，人所有的行为，其实都受身体本身的控制，而与自由意志无关。

既然人没有自由意志，为什么还要写这篇文章号召大家做自己的主人呢？为什么几乎所有有识之士都在捍卫自由意志这种幻觉？答案很简单，因为一旦大部分人都从心底接受"人没有自由意志"，我们就很容易成为一个宿命论者，并容忍人性的黑暗。可以想象，一个人去犯罪，还能以人没有自由意志作为辩护词，那会助长多少不道德的行为！又比如，你体罚学生了，却告诉别人"我不是自己的主人"。这些担心也得到了研究证实。心理学家将自由意志受到摧残以及自由意志坚定的拥护者分为两组，并为他们提供了一个可以偷窃的机会。结果证明，那些自由意志受到摧残的人偷得更多。

还有，大家一旦都认为人的善良行为只不过是身体的本能决定的，而不是出于自由意志和道德高尚，人们就不再歌颂真善美，不会为英雄行为而感动。很快，我们就会陷入颓废、痛苦和沮丧之中。所以，如果我们希望世界更美好，也希望自己过得更好，就需要自由意志作为支撑。

我认为，恰当的方法应该是：一方面要承认人生的结果一部分是由先天造成的，比如说，一些学生调皮捣蛋、破坏纪律、不爱学习，这些可能并非出于他们的自由意志，这么想可以激发出我们更多的同情心，激励我们对处于不利境地的学生提供有力的帮助。而另一方面，要捍卫自由意志的幻觉，要从心底承认，人生的结果并非全都是天注定的，我们完全可以用更积极的态度和行动来挑战生活中的挫折与不幸，要相信人是有潜能的。

我们姑且认为人有自由意志，那应该怎样才能更好地做自己的主人呢？做自己的主人绝不限于做自己肉身的主人，而是指以下一个完整的过程：

一是认识自己。对自己的个性专长和优缺点要心知肚明，哪有做自己主人却不认识自己的？

二是自己选择。要问自己："教师这个行当是我选择的吗？"如果是你自己选择的，那你可能会无怨无悔；而如果当初是别人替你选择的，且这个工作并不符合你的天赋条件，即使你现在干得十分努力也干不好，那你应该考虑另谋高就，否则你将遗憾终生。

你还要问，在学校里我现在的岗位是否适合我？是不是太低了或太高了？太低太高都不好，那就要设法改变。

太低了，自身价值发挥不出，不设法改变就会一辈子有"怀才不遇"的感觉，直到入了坟茔也是一个冤魂。千万别等有什么伯乐来相中你，当自己的伯乐吧！你可以毛遂自荐，也可以竞聘，总之，机会一旦错过，就只有抱怨自己了。

太高了，工作干得神经紧张心跳加速，弄出一身毛病不值得，一些岗位是要有某方面的天赋作为条件的，缺了天赋，做起来就如同"上刑"。有些学生厌学是缺乏读书的天赋，有些教师厌教是缺乏教书的天赋，教不好书不用自卑，天生我材必有用，有时"入错行"比"嫁错郎"更不好受。如果你是自己的主人，就可以自己设法提出调整岗位，而不是硬撑着用降低工作标准的方式来混日子。

三是按自己的方式教书。本来就"教无定法"，只要你遵守教学的基本规范，剩下的空间都是你的。在完成教学目标任务的前提下，你可以这样教，也可以那样教，教出你"自己"来，千万别等着别人指导你，帮你设计。你就是你，你不做别人的影子。别人的评价是重要的，可你心里的声音永远是最重要的。

四是自己评价自己。自己教得好不好，自己要总结和反思，只有善于总结和反思，才可能不断提高。也别等着领导来评价你，领导不是神仙，领导即使是神仙，要对学校那么多人的业务水平做出绝对公正的评价也是不可能的。依赖于别人评价的人，一旦别人评价太高，就容易受骗上当，不再进步了；而一旦别人评价太低，又会灰心丧气，心存怨恨。永远不要期望得到完全恰如其分的评价，因为真正恰如其分的评价几乎没有。任何人对你的评价都只是相对的，只是供你参考的，谁都不是你的法官。为了便于评价，评价人总是拿出个别的几个特性来做横向比较，如果你自己评价，那么评价是全面的、纵向的，只有纵向地和自己比，你才会进步，才会终身发展。

总之，做自己的主人，就是努力做理性的自我认识、自我选择、自我设计和自我评价。做自己主人的人，是昂着头自信地走路的人，是每一天都活在真实世界里的人。

23 登上人生幸福的三层楼

每个人都渴望幸福。关于幸福的理论学说有不少，每个人也都可以有自己的幸福观。我将幸福比作登高，我认为幸福有三层楼。

幸福的第一层楼是物质生活有保障。

人靠物质条件而生存，人本身就由物质构成。人的本性中就有对物质生活不懈追求的因子，因此，抑制人对物质的追求是不人道的。对金钱的追求是合理的，脱离金钱谈幸福是不明智的。

金钱与幸福有关是得到心理学实验证实的。人得到金钱时，大脑的杏仁核等区域就会被激活，产生快感。金钱还能减轻人的痛苦。科学家让一半志愿者数 80 张钞票，另一半数 80 张同等大小的白纸，数完之后就让他们把手浸泡在一个装满冰块的水箱里，待上 30 秒。结果显示，数钱的那些人不仅感受到的疼痛比数白纸的轻，他们对疼痛的耐受力也明显提高了。现在也就可以理解诉讼中为什么会要求赔偿精神损失费了，因为金钱确实可以缓解人们心里的痛苦。

幸福的第二层楼是享受艺术生活。

教师的工作压力大，工作要求高，学生不好教，家长难"对付"。压力下就要"宣泄"以取得平衡。那么，欣赏艺术显然是非常好的方法。比如说，观赏悲剧。悲剧和命运的主题相关，把美好的、神圣的东西毁灭给人看，剧中人物遇到巨大的不幸，能让观众的感情得到宣泄。如果我们能将音乐、美术、小说、诗歌、散文、电影作为自己人生的精神导师，时时相伴，则会减少很多烦恼。现在有一种治病方法就是音乐疗法，原理也在于此。

比艺术欣赏更高级的幸福是艺术创作。在艺术创作的过程中，你将自己的主观世界完全投入进去，废寝忘食、乐此不疲，这会让你获得极大的满足。用心理学术语来说，这叫心流体验。

心理学家米哈里·契克森米哈赖（Mihaly Csikszentmihalyi）调研了各行各业的人，发现人们感到极幸福的时刻，都处于一种相似的全神贯注、投入忘我的状态。这种状态下，你甚至感觉不到时间的存在，会有一种充满能量并且非常满足的感受。契克森米哈赖把这种状态称作"心流"（flow）。其实"心"这个字是中文添加的，本来就叫"流"。这种神秘的体验，艺术家们特别能在创作中获得。

幸福的第三层楼是找到生命的意义。

为什么思想自由是公民的一项基本权利？那是因为人要活得好，就要有一套意义系统。比如，人从哪里来，人将到哪里去，人该如何活，怎样才能幸福等问题，还比如善与恶、生与死、美与丑等问题，这些问题都没有现成答案，要靠自己去探索。

一些人投奔宗教，认为只有宗教能抚慰人的心灵，因为宗教提供了一整套成熟的意义系统，以安顿人的灵魂。所以，全世界人口中，宗教信徒要占到70％以上，甚至许多科学家都是虔诚的信徒。

哲学也在探索人生问题，哲思能带来幸福体验。哲学是非常本真的追问，每个人，只要想认识自己，了解自己的生活和世界，就进入哲学了。王小波认为，自由思维是人的本质，追求智慧是思维的乐趣，参差多态是人生的主要幸福。

以上是我关于幸福三层楼的主要观点。我认为，外部环境总是要将人拉到底层。

我看到一首《知足歌》写道：人生尽享福，何苦不知足？思量饥寒苦，饱暖就是福；思量挑担苦，步行就是福；思量刀兵苦，太平就是福；思量牢狱苦，自由就是福；思量露宿苦，有屋就是福；思量奔波苦，有家就是福；思量无后苦，有子就是福；思量死亡苦，活着就是福；苦境一思量，就有许多福；有福要能知，能知才是福；我劝世间人，不要不知福。

这首歌里透出的是幸福的第一层楼的信息。而教师如果只停留在这个楼层，算不算是人生的损失呢？

24 要知道敬畏

人要敬畏，才能获得安宁。所谓"天不怕，地不怕"的造反精神，只会使人远离真理，极端接近疯狂，让人与魔鬼共舞。人需要敬畏，心灵才能纯净，宗教信仰可能是教人敬畏的一种方式，尽管不是唯一的方式。唯物主义者也教人敬畏，不是敬畏上帝，而是敬畏"客观规律"。

孔子曰："君子有三畏：畏天命，畏大人，畏圣人之言。小人不知天命而不畏也，狎大人，侮圣人之言。"用今天的话说就是，君子敬畏三件事情：敬畏天命，敬畏高居上位的大人，敬畏圣人的话。小人不懂得天命不可违而不敬畏，轻慢位居上位的大人，轻侮圣人的话。

但是，孔子的"畏"并非真正意义上的"敬畏"。什么是真正的敬畏呢？心理学家有明确的定义，"敬畏"就是看到一种比自身伟大得多的事物时所产生的情绪。这个东西可能特别大，特别美，特别高水平，或者特别重要，而你的体验就是，感觉自己的整个世界观都需要改变才能理解它。比如说，你平生第一次面对一望无际的大海，它是如此壮丽，你感觉到自己的渺小，敬畏之心油然而生。哪天你有机会去一趟太空，也许就更懂得什么是敬畏了。

庄子说人生有涯知无涯，其实就是他的敬畏之心。"吾生也有涯，而知也无涯。以有涯随无涯，殆已！"，字面意思是"我们的生命是有限的，知识却是无限的。以有限的生命去追求无穷的知识，就会陷入困境中"。

庄子的深刻思考主要有三层：一是人生有涯，这就要爱惜生命；二是人性有很大的弱点，明知道人生有涯，却将时间花费在无涯的事情上；三是找不到生命的意义。常人为什么那么傻，会"以有涯随无涯"？因为常人不知道自己真正想要的是什么，总是想要太多，来填满自己空虚的心灵。

为什么主张敬畏？因为敬畏能加强人的集体认同感，越感到自身的渺小，就越发愿意成为某个集体的一员；敬畏让人更愿意合作，有实验表明产生敬畏感后，人会更愿意捐款和帮助他人。敬畏是一个非常美好的体验，缺乏敬畏并不代表一个人水平低，只能说明这个人格局小。

一些看不见的东西，因为其伟大，而特别值得敬畏。对教师来说，看到你教的学生，他们活泼的样子，这是生命的奇迹，你也应该感到敬畏。

25 学习不需要理由

有很多条理由支持教师可以不再学习。比如，工作量很大，平时工作很辛苦；目前掌握的知识用来"对付"这帮学生已经绰绰有余；已过了学习的年龄，记忆力差了，等等。其实支持教师继续学习的理由更充分。比如，如果不学习则不能胜任现在的工作；如果教师不能经常地更新知识，不能对新知保持长久的好奇，就有可能被学生瞧不起，等等。

不过，我这里要和大家讨论的是，学习不需要任何理由。

古典哲学教授泽娜·希兹（Zena Hitz）认为，为了学习本身而学习，是人生的终极目的。推理过程其实也挺简单：一个活动要是终极目的，它得满足三个条件：一、它本身得是一个"目的"（end），而不是为了达成其他目的的"手段"（means）；二、它得是高级的；三、它得是正常人就可以做到的。

首先，要区分目的和手段。你问铁路边上放羊的小孩："为什么要放羊？"小孩回答："为了赚钱。"那么放羊是赚钱这一目的的手段。你接着问："为什么要赚钱？"小孩说："赚钱为了盖个大房子。"再问："为什么盖大房子？"回答说："为了娶媳妇。""为什么要娶媳妇呢？""为了生娃娃。""为什么要生娃娃？"回答说："要放羊。"你看，循环走了老大一圈，人生没有目的，只有手段。

第二，你的目的应该是更高级的。喝酒和社交，哪个高级？社交更高级，喝酒是一种手段。通常哪有为了喝酒而去社交的呢？

第三，普通人都能做到。牺牲生命挽救国家财产，即使国家财产比人的生命更高级，但因为一般人难以做到，所以虽然崇高得很，可也不被视为目的。

这么推演下来，学习就是一个非常好的人生目的。如果你认为学习是为了升学，这不对，因为升学在精神层次上并不高级。

中国传统文化是贬低作为目的的学习的，"学成文武艺，货与帝王家。"学习成了一种手段，被帝王使用才是目的。所以，从古至今很少有"为学习而学习"的有风骨的知识分子。

孔子说"古之学者为己，今之学者为人"，意思就是，在比孔子更古的古代，知识分子还没有形成帮人管理国家这种职业的时候，大家都是以学习本身为目的，只有孔子当时的人是把学习当成手段，是为了别人而学习。孔子的话是有境界的。

26 挑战工作压力

在你感觉压力太大，快崩溃的时候，我不应该对你说"你要坚强"。因为这么说其实是漠视你的压力，而这会导致你产生更大的压力。受过专业训练的心理咨询师会这样说："我曾经照顾我的某某亲人，我特别能理解你的感受……"作为校长，我也是从普通教师一路走过来的，我很能理解教师身上的压力。

什么是压力？

压力也叫"应激"，是人们面对威胁或者挑战性事件时身体和情绪的反应。从理论上说，"班主任工作给我带来太大的压力"这个表述并不恰当，更好的表达应该是"我理解了班主任工作的任务和特点，感受到了很大的压力"。同样的压力源给不同的人带来身体和情绪的反应不同，因此你不能对别人说："这点儿压力算什么？"对你不算什么，对别人却很可能算什么。

为什么同样的压力源会对不同个体造成不同的压力感？这主要是因为人会习惯性地对压力源进行评估和解读，而评估和解读会很不同。

第一个评估和解读是："这是件好事还是坏事？"比如说，考试不及格，有人解读为这是发现问题的机会，有人解读为人生的失败。后者的压力当然就大了。就如一支足球队，还没开始踢就说："我们是来学习的，胜负不重要。"这就相当于是提前减压了。

第二个评估和解读是："这件事我能否应对得了？"比如说，家长找你麻烦，举报你，你觉得"完蛋了，天要塌下来了"，或者你觉得完全可以通过沟通达成相互理解，后者带给你的压力就小很多。

当然，还有一些事情，无论你如何评估和解读，都会让人感受到压力。比如负面情绪，如果和爱人吵架，或者家人亡故，自己生病，你一定会感到有压力；再比如模棱两可的环境和事件，领导让你自己看着办，要比告诉你怎么做更让你感到有压力；再比如同时完成多项任务，既要做班主任，又要教课，还兼教研组长、年级组长，这对你神经系统的耐受力是个考验。

根据心理学家对压力的研究，我对如何缓解压力的最重要的建议，就是努力争取主动，让自己变得更好、更强大。主动意味着自动、自发。有时候，哪怕是细微的外部刺激，如果不是出于主动选择，而是来自外部强制，人都会感觉到压力和痛苦；反之，如果对承受压力有正确的评估和解读，压力源反而可能成为幸福源。所以，要主动迎接挑战，把工作上遇到的麻烦都看成挑战，而且以应对挑战为乐，这样，压力就会小很多；要主动顺应变化，提前为即将到来的变化做准备，这会让你更能应对自如。

不要巴望消灭负担，生命中如果全无负担，人会有漂泊感，会变得无所事事，无所寄托，那将是一大痛。米兰·昆德拉的一本小说名为《不能承受的生命之轻》，光这个书名就值得玩味半天。失去信仰、追求和目标的日子是难以承受的。同时，生命也不能承受太重，承受太重，使身心受到摧残和压迫，幸福便无所寄托、生长。人有自己无法估量的潜能，可以承受连我们自己都无法想象的巨大压力。虽然压力会使人痛苦，却也带来幸福。

27 放松些，再放松些

有的教师看起来一身疲态，满脸倦容，走路低着头，脚拖着地；见着学生一脸严肃，见着家长如债权人见着债务人，非得从他们身上寻出银两来不可；到了教室不像在上课，要么一本正经如同布道，要么像主持葬礼，忽然凶起来，利嘴成了刀枪，直刺得学生心灵见血，手中教鞭则似哭丧棒，令人胆寒。

他们一进校门就如进了战场，满世界是他们的敌人。教材是敌人，作业本是敌人，一起教书的同事是敌人，孩子们更是敌人。他们如临大敌的样子，拒人千里之外的样子，着实叫空气为之凝固。

我们原来以为，这些教师一定是遭遇了天大的不幸，才有如此苦大仇深的模样。可是，现代科学研究已经告诉我们，未必是因为心情不好，动作才难看，话才难听，有时候正相反，身体动作也能影响心情。

身体动作会影响心情吗？当然会，而且影响还很大，这方面的研究成果主要集中在具身认知的相关研究中。

举个研究实验的例子吧。有一项研究证实，肉毒杆菌可以有效缓解抑郁症状。这是怎么回事呢？实验过程是这样的：科学家给抑郁症患者的前额肌肉注射肉毒杆菌，肉毒杆菌能消除脸上的皱纹。结果，接受肉毒杆菌注射的患者的抑郁症状，比如悲伤、绝望和负罪感，严重程度都有降低。不是因为肉毒杆菌缓解了抑郁，而是因为忧愁的眉间皱纹消失了，人们的情绪状态也因此得到了改善。为什么会产生这么好的效果呢？那是因为你的情绪会从大脑延伸到面部表情和身体姿势上，而面部表情和身体姿势也会反过来向大脑发送信号，确认我们的情绪。肉毒杆菌让人无法皱眉，也就使大脑无法确认不良情绪信号了。扫描大脑也发现，当人们无法做出负面表情的时候，负责处理负面感受的脑区也就不再活跃了。

你看，改变面部表情都对情绪产生这么大的影响，那身体其他方面的改变对情绪会造成影响吗？答案也是肯定的。比如抬头挺胸，雄赳赳、气昂昂的样子，就在向大脑传递信号，"我精神很不错"。加利福尼亚大学哈斯商学院的达纳·卡尼（Dana Carney）教授研究发现，一分钟的扩张性身体姿势，就可以让我们体验到比赛赢了的那种兴奋而自信的感觉。

说到这里，有的教师可能会说，我确实遭遇到不幸，我就是苦大仇深，我就是欲哭无泪，我无法强颜欢笑。这我能理解，每个人的生活里，都充满了各种各样的逆境、挫折和打击。总不能老是要强迫自己快乐起来。

如果真是这样，我能给你的建议就是，提高自己的"复原力"。

为什么有些人有本事迅速渡过难关，而有些人却容易一蹶不振？那是复原力不同导致的。一个人能够在不良的环境下，面对各种变化，克服各种压力，从逆境和挫折中恢复过来，维持正常生活，这种能力就是复原力。复原力有点儿像弹簧，无论外部压力有多大，都能复原到最开始的状态。

怎么才能提高复原力？心理学家的建议是找到"控制点"。什么意思呢？"控制点"就是人们对生活中发生的好事和坏事的归因方法。

有些人习惯将不幸遭遇都归因于外部，这种人格叫作"外控人格"。外控人格的教师会认为学生是麻烦制造者，家长总是不合作、不配合，领导总是不讲理、瞎指挥。

有些人相反，他们具有"内控人格"，他们相信自己可以主宰自己的命运，不会把结果归因到外部环境中。心理学家认为，拥有"内控人格"的人有更强的复原能力，更容易让自己从失败中解脱出来，积蓄动力迎接更大的挑战。

教师有个职业病：喜欢挑别人毛病。我一度也有这个毛病。看电视新闻，内容并不在意，播音员念错了字却让我提了神，总不忘发一通牢骚，摇摇头说"现在的播音员素质真是……"现在我知道，这叫"外控人格"。不妨换种眼光，学着专挑美好的东西看，专挑同事的优点看，专挑学生的进步一个劲儿地夸，连喝白开水都想着喝出甜味儿来，你的心态就会变，一定会变，变得年轻、轻松、快乐、冷静、很有信心。别人一见你心态好，就不再防着你、躲着你，孩子们亲近你，心就会贴近你，净把美好的一面露在你面前让你夸，那多好。

亲爱的教师，请放松，再放松。

28 一起来修身

对教师来说，修身格外重要。儒家主张修身、齐家、治国、平天下，由成就自己到改变世界。儒家的观念中，你只需要修身，管好自己自然就能齐家；一家人很好，就能成为所有家庭的榜样；全国的家庭都跟你家一样好了，那全世界都跟你学，都学好了，这就是平天下。

其实，儒家的这套"修齐治平"思想很符合一个定律，就是"模仿律"。

"模仿律"是法国社会学家加布里埃尔·塔尔德（Gabriel Tarde）在 1890 年写的一本书的书名。作者认为，一切社会行为都是人与人之间的相互模仿。塔尔德的模仿律包含了三大定律：

1. 下位的人总是模仿在上位的人，这就是我们常说的上行下效。在学校，当然就是学生会模仿他们的老师。

2. 模仿一旦开始，就呈几何级数扩张。有什么样的老师就有什么样的学生，有什么样的学生，就有什么样的公民，有什么样的公民就有什么样的国家，这是呈几何级数放大扩张的。

3. 模仿总是由近及远。学生先模仿近处的，他们的家长、老师和同伴，再模仿远处的、外国的，所以治国之后才能平天下。

由上可见，教师修身很重要。那传统中国人讲修身，是怎么做的呢？在《大学》的八条目里讲了，格物、致知、诚意、正心。

所谓"格物"，关键在"格"字，"格"是"彻底研究清楚"的意思，"格物"也就是彻底研究事物之理。引申到教师身上，那就要钻研一门学问，做到精通的程度。

所谓"致知"，是指对知识的通达，人应该成为一个广博而有智慧的人。

所谓"诚意"，是指人的意念真实无妄，对人诚恳讲信用，既不欺人，也不自欺，一切都很真实与透明。

所谓"正心"，是指你的良心放正，不偏不倚，合情合理地看待事物，尽心尽责。

要是做到以上四条，时时以这四条来反思自己，鞭策自己，便是修身。

我们不要将修身仅看作道德修为方面的事。孙中山先生说，正心、诚意、修身、齐家的道理，本属于道德的范围，今天要把它放在知识范围来讲，才是适当。我认为他说得对。修身的基础还是在知识学问上，尤其是要先格物、致知，而后以求得的知识指导自己的感情，使自己的理智终于可以充分而自如地控制自己的感情，使理智和感情达到一种平衡。

修身完全不必将自己反锁在房里作苦行僧状，修身可以从教育教学中的问题开始。你把工作中那些困扰你的问题拿出来一件件地追根究底，找出其中真正的缘由来，这件工作会让你耐下性子，静下心来。渐渐地，你会由精到通，你的修身便已成功一大半了。

在道德方面的修身，我认为要做到"慎独"。"慎独"说的是，人在独处的时候，在没有其他人监督的情况下也要规范自己的行为。要做到这点很难，所以才要"修"。

《大学》里说："小人闲居为不善，无所不至，见君子而后厌然，掩其不善，而著其善。"小人独居的时候，只要觉得没人看见，就做出各种不好的事，没他干不出来的。等见了君子，就把自己不善的地方掩盖起来，假装出一副善的模样。这就是说，他并非不知道什么是善，什么是恶，并非不知道应该为善去恶，只是没了监督，他就做不到了而已。

那怎么才能做到慎独？就要从小事做起。这叫作"天下之至显，莫显于微"，越是细微之事，别人不注意的事，就越能显出你的修养和功夫。所以，表大决心、喊大口号，不如在细小之处规范行为，比如过马路要看红绿灯，看到地上有纸屑主动捡一捡，学生向你问好要回个礼，批好每一本作业，写好每一段评语……从这些细节处修身。

29 应对职业倦怠

职业倦怠也称为"职业枯竭",这是一个严重的问题,不仅关系到你个人生命的质量,而且很有可能影响周围同事、家人,影响你的学生。

人们对自己长期从事的职业产生一种疲倦感,可能引起生理和心理两方面的问题:总是觉得身体疲劳,精力不够用,不喜活动,怕喧哗;经常性的情绪低落,觉得工作没有意义,对外部变化感觉迟钝也缺乏兴趣;精神疲倦,常常陷入莫名的忧愁和悲观情绪之中而无力自拔。这时,你应该小心自己的职业热情是否枯竭了。

为什么会有职业倦怠?简单的理解,人都喜欢新鲜感,某个工作干久了就容易倦怠,教师工作也不例外。职业倦怠主要表现为:员工对组织缺乏自豪感,认为自己的公司不值得骄傲;认为公司言行不一,没有践行好的价值观;认为自己的工作缺乏挑战性和意义;认为公司对员工缺乏欣赏和认可;认为公司对自己不公平,自己却没有办法来改变这一点,自己在组织中缺乏话语权;在公司成长和发展的机会太少;自己只愿意完成最低限度的工作,即使时间精力都有富余,也不愿意在工作上多付出一些努力。

职业倦怠的感受很不好,想要从中走出来,我对此有以下建议:

1. 尝试改变。既然按部就班时间久了都会倦怠,那就有意识地对自己的工作做些改变。改变一下上课方式,变一变批改作业的顺序,变化一下对学生评价的规则……都可以。教师在改变工作内容和方式上，相比其他行业有更大的空间。

2. 点燃激情。找到工作中让你喜欢的部分，找到你拿手的事，这会点燃你的激情，让你对工作有期待，并且全情投入。做自己擅长的事情，总是令人愉悦的。

3. 变换角色。有时候变换一下工作岗位，转换一下工作角色，都能让人重新焕发活力。和你的领导主动沟通，你就可能会得到展现才华的机会。

4. 找对伙伴。工作伙伴会影响一个人看待工作的态度，你可以多和那些精力充沛的人一起工作，他们能帮你在工作中重新找回乐趣。尽量远离陷入职业倦怠的人，不要与消极情绪为伍。

5. 奖励自己。把自己每天要做的事情列个清单，做完后奖励自己。我家里有十多台大大小小的电脑，因为写作是一项艰苦的工作，每写完一本，我就给自己颁发一台电脑作为奖励。

6. 寻求支持。人是社会的动物，人需要温暖，你需要主动寻求帮助，尤其是在困难的时候。不要认为寻求别人帮助是一件丢人的事，你的朋友和家人也许十分乐意为你效劳呢！

对教师而言，消除自己的职业枯竭是你基本的职业素养，时时浇灌你自己的职业之花吧，让它依然绽放！

30 享受闲暇

不少人对闲暇存在偏见。说起"闲暇"，在我们的印象里它好像是与"工作"相对的一个词，似乎闲暇并不创造任何价值，享受闲暇有一种负罪感。

其实，这是对闲暇的误解，以为闲暇就是休假，就是休闲。"闲暇"的英文叫"leisure"，不是指躺平或者参加娱乐活动，而是指完全属于个人的、自由的、内向的空间。亚里士多德认为，闲暇最适合的用法，是用在"沉思（contemplation）"上。按照亚里士多德的说法，闲暇不应当用于娱乐，而应当用于学习。沉思是一种观察世界、理解世界和品味世界的活动，沉思就是在学习。

闲暇为什么很重要？因为没有闲暇就没有人的创造性活动。人类掌握了火的使用技术后，闲暇时间大量出现。火不仅可以取暖、可以烹饪，还可以防御猛兽的攻击。经过烹饪的食物更容易消化，从而减少了人体的能量损耗，也减少了人类花在获取食物方面的时间。这些都让人有了更多的闲暇。于是人类的创造力、好奇心和探索欲，使人类学会了制造工具，走出非洲大陆迁徙到世界各地，并发展出语言、文化和艺术，人类文明的序幕也由此开启。

闲暇很重要，可是哪有时间呢？时间不够用怎么办？社会学家们发现了"时间悖论"：最近 50 年来，人可用于闲暇的时间在不断增加，但却觉得越来越忙，反而闲暇时间越来越少。这是为什么呢？这跟时间的利用深度有关。看电视、玩手机、跟人聊天、嗑瓜子，这些活动不需要全心投入，那就是在浅度利用时间；而从事写作、绘画等创造性的活动时，人完全沉浸其中，忘了时间的流逝，获得很大的满足感，这就是对时间的深度利用。浅度利用时间会让人产生时间不够用的错觉。所以，解决时间不够用的一个基本方案就是减少对时间的浅度利用，增加深度利用。

所以说，我们能不能从闲暇中获得放松和满足，并不取决于闲暇时间的长度，而取决于利用时间的质量。如果你能找到并且保持一项长期的业余爱好，就容易获得高质量的休闲满足。可见，亚里士多德的休闲观很对，你越是在闲暇中沉思，就越能提高时间的利用率。

有一本畅销书《精进》，作者名叫采铜，是浙江大学心理学博士。关于时间利用率的问题，书中给出的建议，我认为提得特别好：工作要快，但是生活要慢，要更有节奏感。那么，什么样的事情该求快呢？比如，干家务之类的体力劳动，常规的事务性工作，买东西，等等，能快就快，尽量节省时间。什么样的事情该求慢呢？比如，和家人共度闲暇时光，欣赏艺术作品，自我反思，思考重大决策，准备挑战性任务等，就该慢下来更好地享受过程。

这就是时间悖论带给我们的启示。

31　要做"卫道士"

在一般人眼中，"卫道士"是个贬义词，尤其当"封建"与"卫道士"相连的时候。"封建"代表着落后、腐朽、专制和丑恶，而"卫道士"则是在拼命守卫这些封建毒素，因此，卫道士这个词便连带具有了顽固不化、拖历史后腿的味道。所以，无论如何这个词总是令人反感的。将教师与卫道士相连，是不是太过分了呢？

我认为，卫道士到底该褒该贬，关键要看卫的是什么道。如果卫的是封建余孽的道，自然当不得这个卫道士；而如果卫的是人类亘古不变的道德原则，那就另当别论了。

人类有哪些亘古不变的道德原则？戴维·布鲁克斯（David Brooks）在他的《品格之路》一书中概括得非常好。我给大家列举一下：

1. 谦卑。"谦卑"对应的英文是 humility 和 humble，并不是说对领导毕恭毕敬的意思，而是能听取别人意见，有开放的头脑和心灵，因此更能获得事业的进步。说到谦卑，不得不提一提谦卑的反义词：傲慢。基督教说的"七宗罪"，指的是傲慢、嫉妒、暴怒、懒惰、贪婪、暴食和色欲。其中傲慢是首罪。为什么呢？因为谦卑这一美德能让你认识到，无论在宇宙、自然界、生物界还是人群中，你都不特殊。因此，你的情绪会很稳定，不会抱非分之想，从而获得安居乐业的感受，也就获得灵魂的安宁。

2. 自律。我们处在一个以个性为荣的时代，但挥洒个性并非让你为所欲为，而是要对自己的欲望进行有效的管理，做到适可而止。为什么要自律？因为欲望是无穷的，无法全部得到满足，一旦放纵欲望，满足感阈值越来越高，就越得不到满足。

3. 坚持。长期主义是成功者必备的素质。长期的坚持不是来自体能和意志力，而是来自乐观的精神，相信自己一定能成功，于是就不会轻易放弃。

4. 气度。心中有大理想，有使命感，人就不会计较一时一刻一点一滴的得失，这样格局就大了，格局大了，视野就开阔了。

5. 独立。就是"善待别人，但是不期望被别人善待"。与独立相反的就是"要求被善待，甚至是特殊对待"。先学会独立才能学会感恩，是因为独立的人对别人没有什么要求。依附于他人的人抱怨多，对人苛责而冷漠，因为他认为一切好处都是应得的，别人对自己好是应该的，甚至是必须的。

许多人都对复杂的人际关系充满焦虑，怕"人言"，毕竟"人言可畏"，人言像把刀，可以"杀人"的。自己的一言一行似乎都是在为别人表演，希望自己的表演赢得别人的掌声。"为别人而活"导致了一个巨大的性格问题：我们怕"出头"。古语中有许多话都在告诫我们千万别做"出头鸟"，这些"告诫"成为文化的一部分，教训着一代又一代人。当今社会普遍存在一种现象，那就是人们对新事物总是持观望态度，小心翼翼地做人行事，不敢越雷池一步，更不敢大胆创新。不是不能创新，而是怕被别人笑话。为了不让别人议论，有些人甚至愿意委屈自己，苟且偷生。

6. 勇气。只有大胆尝试，社会才会进步；只有大胆尝试，你才能获得超越自己的成功。

7. 反思。反思就是在为自己承担责任，因为反思是向内的思考。反之，总是怪罪外部世界不公，显然会阻碍进步。

8. 责任。承担责任的人是自己看得起自己的人，承担责任的人认为自己能做好，而且一定能做得很好。所谓不负责任，是自己做不好却心安理得。这不就是在贬低自己吗？

9. "反叛"。这里说的"反叛"应该是正当的和正面的，意思是说，别人认为你不能做、做不到，而你偏要做给他们看。"反叛"不是反政府、反社会，而是对现状持有一种不满的情绪。现实世界有很多虚假、丑陋、贫困和不平等，只有反叛才能带来进步和未来。科学精神就是一种反叛精神，科学起于质疑。

10. 承诺。勇于承诺是一种自信的表现，而认真履行承诺则是告诉所有人，我对得起你们的信任。

11. 自由。自由是需要拓展的，只有提高自己的能力，才能拓展自由。一个努力发展自己的人，其实就是一个渴望自由的人。

以上这些词语大家都认识，也基本上知道它们的含义。道德原则并不深奥也不神秘。但是为什么无论大人小孩，都要受道德教育呢？这是因为每一次教育虽然都只是老调重弹，却是在时时提醒。道理简单，真正做到却很难。

所以，世界格外需要"卫道士"。

32 热爱讲演吧，讲演能使人变得完美

伊索克拉底（Isocratēs）是古希腊著名的教育家。他创办了一所教授雄辩术的学校。这是西方教育史上第一所有固定校址和修业年限的高等专科学校。在西方很长的一段历史时期内，哲学和雄辩术都是学校里的必修课。

伊索克拉底认为一个人的言谈非常重要，而辩论与讲演是言谈能力最集中的表现。他认为，美妙多艺的言谈从不为通常人所掌握，而是心灵聪慧者的杰作，人们是否早自幼年时就已受过自由高雅的教育，不取决于他们的勇气、财富，或与此类似的一些有利条件，而是最明显地从他们的言谈中表现出来。对我们每个人来说，言谈本身是文化修养最可靠的标志。伊索克拉底可能夸大了言辞和雄辩的意义，但他的这番话可以促使我们这些从事教育工作的人更重视自己的语言表达。

伊索克拉底还认为，人在许多方面都不如动物，但人又优于其他生物，这是因为演说。他认为，总的说来，人所设计的一切机构制度，其建立没有一个不是借助于演说的能力。通过说话，我们教育愚者，赞誉智者，因为，善于言谈的能力被当作透彻的理解力的最准确的标志。而且，我们将会发现，没有哪一种运用聪明智慧来完成的工作是在没有言语的帮助下做好的，相反，在我们所有的行为和思想中，言语都是我们的向导，那些最有才智的人，语言运用得最多。进而，伊索克拉底主张教师要有辩才，认为辩才对他们的学生不会有害，却是有益，这益处不像他们自己宣称的那么多，却比别人认为他们所做的为多。

教师应该成为演说家，一方面，公开演说对一个教师的成功是那么重要；另一方面，更重要的是，语言表达作为教师授课的主要手段，对教育教学质量可以说有决定性的影响，讲演是教师最重要的基本功之一。

讲演的作用在于通过告知，让人们知道和了解一些事情；通过说服，让人们做你觉得是正确的事情；通过逗人们开心，使他们感觉良好，善待自己。最终，讲演可能使人们十分关心的事情产生变化。

许多人怕讲演，往往因为信心和经验不足而怯场。在美国的一项调查中，被调查的人中有许多把当众讲演列在最让他们担心的事情中，超过死亡。在另一项调查中，被调查的人最担心的事依次排列如下：①参加有陌生人在场的聚会；②讲演；③被当众问及私人问题；④见约会对象的父母；⑤新工作第一天上班；⑥跟权威人士谈话；⑦求职面试；⑧与未曾谋面的人约会。讲演使人紧张，那是正常的——76%的人会怯场。讲演者紧张时肾上腺素水平提高，心跳加快，双手抖动，两膝磕碰，皮肤冒汗。

为克服怯场，事先精心准备是最好的办法。这会增强你的信心，缓解你的紧张情绪。你还可以做一些形象化假想，在讲演前假想自己获得巨大成功。还有，不要指望完美，不要希望自己的讲演会十全十美。要知道凡是实践的艺术都难以做到无缺陷。此外，深呼吸、与听众目光接触、手里握着东西等都是克服讲演怯场的好方法。

好的讲演是艺术，令人如沐春风；更重要的是，好的讲演可以给你改变自身处境的力量，将你美好的一面展示在别人面前。伊索克拉底说："我认为，没有什么办法能使腐败堕落的人变得诚实正直，从前没有，现在也没有。……我倒觉得，人们能够变得好一些，有价值一些，如果他们有一种想要善于言谈的抱负，如果他们有一种想要能够说服听众的强烈愿望，如果他们专心运用他们的有利地位，那么事情就会那样。"

因而，讲演无疑将会使你变得更完美。

33 将写作进行到底

好多教师怕写作，感觉写文章是一件令人头痛的事。有的教师说，你是中文系毕业的，是教语文的，写作当然是拿手好戏，我们可不行。

我认为，将写作视为某一小部分人的专业，这是一种偏见。有的人甚至有意贬低写作，认为会写会说的人都不实在，那就更错了。英国哲学家弗兰西斯·培根（Francis Bacon）说："思想的最好方法就是写作。"把你的思想写出来的过程，其实是一个自己跟自己对话、争辩、商议的过程，同时也是对自己的一种实时监测和评估的过程。如果你不把自己的想法写下来，只是空想，这就如同一个人没有棋盘，没办法下棋一样。你担心犯错误，不敢写下来，但不写的话，你就很难知道你的错误在哪儿。甚至你自己觉得很高明的想法，一旦写出来的时候，自己就成了自己的评判者，这就是在对你的思想进行检测，进行批判，也许你会发现，你那些高明的想法不过如此。所以，没有什么比写作能让你更好地遇见自己了。

其实，我们真不要把写作看得那么高深，或那么不堪。写作只不过是另一种说话而已，写作和平时的说话一样，本质上都是在表达。我认为一个人要能把文章写好，必定具备三个条件：一是想说话，二是有话可说，三是会说话。

第一个条件是，你得想表达，有一种表达的冲动，心里的话不说出来就难受，睡不着。好多人没有这种体验。我一直在努力保护我的写作冲动，因为我知道这是写作的原动力。要保护想说话的冲动，我为自己做三件事：一是让自己孤独一点，不去瞎应酬。我发现，有些平时看上去热热闹闹、夸夸其谈、能说会道、巧舌如簧的人，真要动起笔来，却似千斤重。二是让自己保持安静和专注。这样内心去了很多功利和焦躁，能保持对事物深沉的把握，如同平静的水面波澜不惊，在默默等待之中，却时时有那么多灵光闪现。三是自信，从不怀疑自己，相信自己的文字就是自己生的孩子，一定是世界上最棒的。过去有句俗话，说文人总是"文章自己的好"，这句话说的就是写作者的自信和傲气。

　　第二个条件是，有话可说。有的教师说，你把一个道理阐发得那么丰富，我不行，我写不出来。"写不出来"绝对不是语言的问题，而是你没有发现自己头脑中的矿藏。如果文章是"皮毛"的话，那么思想就是"皮"，语言文字就是"毛"。每个人脑子里都有"毛"，都有成千上万个词语句子，可就缺一张"皮"，缺一点自己的想法。我平时比较注意让自己的脑筋开动起来，经常做三件事：一是怀疑，不人云亦云，不迷信专家、教授和书本，也不迷信领导。因为经常怀疑，怀疑专家说过的一些话，怀疑某某领导说过的话，所以我有话要说，心中按捺不住了，就写了起来。二是保持独立人格。在写作中，独立人格是起作用的。习惯依附于别人，依附于某些理论的人，一般不太善于独立表达，这毛病叫"失语症"。好多学生学不会作文，是因为有的教师从来不允许他们用自己的话表达，长此以往，孩子们独立的个性就丧失了。有些教师也有"失语症"，写文章除了重复"和谐社会""素质教育""以人为本"之外写不出别的。只有自己独立表达，你才会有独立人格。三是表现自我。能自由地表现自我，是人极大的快乐和幸福。我们生活在一个现实世界里，这个世界不会是完美的，可以这样说，现实世界从来没有一天完美过。因为现实世界不完美，人就要去做两件事，一是去努力改造它，可是一个人的力量有多大呢？真是太微不足道了，在改造社会时有时候会头破血流；于是就必定要做第二件事，那就是去创造一个属于自己的完美的精神世界，这个世界由艺术、哲学、信仰、梦想构成。人的自我在现实世界里有时不能很好地表现，这时，写作就是一种表现方式，而且是价廉物美的方式。如果没有写作，人的自我可能早被现实世界淹没了。如果"我"没有了自我，"我"就没有了。因此，写作就成了自我的避难所。

所以，一个人要有思想，不是凭空有的，而是能怀疑，能独立，有鲜明的自我。这样，思想自然就会来眷顾你。

第三个条件是，会写，善写。也就是你能驾驭语言文字，准确地表达你的思想观点，让别人看懂你的意思。我认为这不难，你想说，有说的冲动，而且你有话可说，那时，语言是你的朋友，会自动来帮你。只要你想说，而且有话要说，语言文字就绝不会和你过不去，它们不是你的敌人。而当你枯坐在那里老半天，一个字也挤不出时，实在不能怪自己不能写，而要怪自己不能思考。

基于上述认识，大家要忍受"折磨"，将写作进行到底。

34 要有点儿静气

有的人一身"匠气"，只知机械地干同样的事，干得毫无生气。在他们眼中，工作仅仅是需要完成的任务。在这种消极态度下，他们形成了一种定式：凡事都可应付，只需照老规矩办就是了。教书匠往往不受学生和同事欢迎 —— 与匠气十足的人相处，实在是了然无趣。

有的人沾满"俗气"，或者叫"市侩气"，又叫"小市民气"。他们遇事总是先考虑自己的得与失，不斤斤计较一番，绝不罢休。

有的人有"躁气"，这种毛病许多人都有。躁气就是浮躁之气，干起事来冒冒失失，想急于求成，没有多少事情能干得彻底，却急于事功。"躁气病"是一种现代病，这种病还会传染，自然就会传染给学校，传染给教师和学生。教育是长期的事业，教师的工作需要扎扎实实的态度，任何热闹的包装、宣传、炒作，都不能替代实实在在的一天天的熏陶，一本本的作业，一句句的话语。

教师要的是"静气"。就是要静下心来备好每一堂课，静下心来批好每一本作业，静下心来与每个孩子对话。"静气"就是要静下心来研究学问，静下心来读几本书，静下心来总结规律，静下心来反思自己的言行和教学方式，以便更好地超越自己。"静气"就是要静得下来细细地品味与学生在一起的分分秒秒，品尝其中的乐趣，品味其中的意义。

在《禅与摩托车维修艺术》中，有一句话是："组合日本自行车需要内心平静。"书中说："保持内心平静在机械工作中并不是一件小事。

它是工作的核心。能够使你平静的就是好的工作，反之，则是坏的。"我们工作，可能是为了赚钱谋生，或者是为了取得世俗成就获得他人认同，但是，"最后真正重要的，就是他们内心的平静，除此之外别无他物。因为只有内心平静，我们才能觉察到良质的存在。""无论进行任何工作，都必须要有良质。"

静心很重要，可怎么才能静心?

很多人认为，之所以静不下心来教书，是因为外部世界太喧哗。可是，内心的宁静和外界的环境并没有过多直接的关系。在波西格看来，一位出家人在打坐，一位将军在前线隆隆的炮击声中凝视作战地图，或者一位机械人员在做极其细微的校准，都可能产生内心的宁静。《禅与摩托车维修艺术》中有段著名的话："佛陀或耶稣坐在电脑和变速器的齿轮旁边修行，会像坐在山顶和莲花座上一样自在。"

静下心来，受益的是学生，受益的是你身边的每一个人，而受益最大的是你自己。

35 走山死循环

　　我们总是在要求学生，希望他们能够学会自主学习、自主管理，现在我想问，我们当教师的能不能做到自主学习、自主教学、自主管理呢？

　　如果我来描述一下教师的自主性，可能就是这样一种情形：教师自己学习和接受培训，自己执行课程标准，自己备课，自己选择教学内容和方式，自己组织教学过程，自己选择评价学生的方式，自己对自己的教学进行反思，自己主动地与同行交流……

　　我描述了这种情形，心中兴奋不已。因为作为校长，哪一天教师真能如此自己安排自己的一切，哪里还需要那么多管理干部！校长除了为大家服务，别的都不必操心，那岂不是一种最大的解放？可是，我这个校长不敢给大家那么多的自由，相反，可能成天忙忙碌碌就是要组织教师学习、培训，检查教师教学的每个环节，组织听课、评课和各类交流活动，组织各类大大小小的测验、考试，为质量低的课操心，找工作不负责任的教师谈话，处理各种各样的矛盾、问题，等等。有时自己想想也好笑，平白无故地替教师的工作操心，操了心还不讨好，教师还要怨恨说领导管头管脚管得太多。

　　教师一定也在心里描述学生的学习，假如学生自己有学习计划，一直在主动认真听课，认真完成每一次作业，自己复习功课，不懂的问题主动来问，考完试以后自己主动订正、反思、总结、提高，假如这一切是真的，那当教师有多轻松啊！可是，偏偏学生不会自主学习，做教师的不紧盯死抓能行吗？

其实，校长和教师行为背后的逻辑是一样的：不管不放心。

我在反思我自己：为什么不放心？原因可能是：

1. 学校中弥漫着不信任的空气。不信任非学校独有，乃当前社会之通病。以"恶意"度人，使学校中干群之间、同事之间、师生之间防人之心过甚。

2. 学校集权式的管理方式和科层制的管理结构，导致"唯上"以及"官本位"的弊端。一方面，这些管理特点必然使"话语权""信息权"牢牢把握在管理者手中，导致人际沟通与学术往来的障碍；另一方面，教师在强大的行政力量面前常常主动让渡教学自主权，以保有安全感。

3. 教师习惯于以非自主的方式工作，其职业意识和自我意识发育不良，尤其是以法律手段维护自身权益的意识尚未巩固，导致消极应付的多，主动维权的少。

我总结下来，校长不放心，容易导致教师失去自主性；而教师失去自主性，校长就更不放心，这就形成一个死循环。教师也不放心学生，其中的道理也是一样的。

让我们都来努力走出死循环，每个人都从我做起；而做法只有一个：放心、放手。

36 做个达人

教师可以成为两种人中的一种，一是闻人，二是达人。

所谓"闻人"，就是成为一个远近闻名的人。闻人往往受人欢迎，其特质中总有讨人喜的一面。一些闻人讨喜是无意的，而有些则是刻意的，是苦心经营的结果。

凡闻人，其得意多半只在一时，如那影视明星，总有过气的一天。要想风光无限，保持长久，还得加倍努力，把自己修炼成个达人。

所谓达人，就是贤达的人。依据孔夫子在《论语》中的解释，是要符合以下四个标准的：

第一是为人正直。没有什么邪念，不做非分之想，不具害人的心思；无论是做人还是做事，不用手段，不用权术；正所谓堂堂正正做人，公公正正办事。

第二是好义。"义"这个词照孔子的解释，近乎"适宜"，也就是恰到好处，不过分。要能做到恰到好处地做人做事，说起来容易，实则极难，得看这个人的修养功夫。

第三是"察言而观色"。这句话被我们认为是贬义的，是批评有些人为达到自身目的而能投人所好，反正是与人交往时不那么坦荡而带着些私心甚至阴谋。其实，察言观色的本来意思是善于分析别人的言语、观察别人的脸色，对人、对问题能看得清楚明白，而且还很有些先见之明；听了一些理论，根据一些资料，加以智慧判断，就可以看出发展趋势来。

第四是"虑以下人"。所谓的"虑"就是智虑，就是人的智慧，包括了思想与学问，"下人"是指对人谦虚，绝不傲慢，从来不以为自己有什么了不起。

只有具备这样几个条件，才能算是贤达的人。

前些年电视中常有"达人秀"的节目，节目中的那些达人颇为了得。他们都是些能将自己某一方面的潜力发挥到极致的人，这很令人敬佩，甚至有些绝艺到了匪夷所思的地步。这类节目收视率极高。

但电视达人毕竟在是"秀"，可以秀到令人惊叹的程度，可其实质还是在秀。为了秀出收视率，达人秀节目的经营者可谓是费尽心思了，节目的全部目的在于夺人眼球。没有人会将此类节目归为艺术，谁都知道那是商业，是利益驱动下的极度包装。所以，达人们要不了多久就都会淡出人们的视线和记忆，而达人秀节目又得去满世界寻找新的卖点，物色新的达人。

在这里我丝毫没有贬低电视达人的意思，不过在我看来，他们充其量只是闻人。我只是说，对教育而言，商业性的包装，无论是自我包装还是被包装，不仅不合教育文化，而且是有害的。

所以，应抱定终身，做个达人。

37 要有一个有趣的灵魂

学校是个生动活泼的地方，学校每天都应该有有趣的事。当然，没有有趣的人，也就不会有有趣的事。

有的教师可能要说："我天生就是一个严谨而矜持的人，我不会逗趣怎么办？"其实，有趣和性格没有什么关系。我们一直有个误解，以为喜剧演员都很有趣，那是他们生来如此。可我们错了，很多喜剧演员都很内向，周星驰、岳云鹏、金·凯瑞，这些大名鼎鼎的喜剧明星，他们在镜头前妙语连珠，而私底下却都很害羞。他们甚至还不太能与人交往。

有人说："要让我变得有趣，我多学一点笑话和段子行不行？"有笑话和段子当然更好，可是有趣的根基却不在此。你不擅长笑话和段子，并不影响你成为有趣的人。有趣的人是灵魂有趣，而不只是语言和动作有趣。

那到底怎么做一个有趣的人呢？其实，有趣是一个人所展现的与外界相处的特质。这种特质包括三点：

第一是你很好奇。有的人不爱说话，聊到他的点上，他才能兴奋起来，这说明他只对自己有兴趣。一个有趣的人却是对世界和他人保持兴趣的。他的兴趣来自哪里？来自强烈的好奇心，所以他才会去探索和挖掘。这样一来，他给别人的感觉自然就非常有趣。

第二是放低自己。你要是老把自己端着，总是一副煞有介事的样子，忧国忧民的样子，怎么会有趣呢？放低自己的人身段特别柔软，和人聊天说话开得起玩笑，不会太在意所谓的面子和自尊。和这样的人在一起，该多有意思啊。

第三是信息灵通。聊天说话的时候，你是话题的中心，"我班里一个学生最近怎样怎样""最近我听到一件事情怎样怎样""最近有个家长怎样怎样""最近我看了一本书怎样怎样"……有趣是需要信息量作为支撑的，人们喜欢你是因为你有聊不完的话题，自然也就觉得你有趣。

一个有趣的人和谁在一起都是有趣的，你不能说在朋友面前我很有趣，在学生面前我古板，在领导面前我谨小慎微，这不对。只要你有了有趣的灵魂，你在哪里都能开玩笑，实在不行，拿自己开玩笑总可以吧。

有的教师相对来说更拘谨些，那就更要花心思去改变。你会发现，成为一个有趣的人，会活得更轻松、惬意。把别人逗笑了，你也就可以笑了。

师生

38 建设同心圆式学校

改革开放以来，我国地方政府职能经历了两次转变：一次是从 1980 年代开始，从社会管理型政府向经济建设型政府转变；一次是从 2000 年之后，从经济建设型政府向公共服务型政府转变。党的十九大报告里明确提出，要转变政府职能，建设人民满意的服务型政府。

政府主办的公办学校，其实也要转型，成为服务型学校。

原来我们认为，学校是教育人的地方，宾馆、商店是侍候人的地方，现在教育怎么也成了一种服务？岂不是等同于宾馆、商店了吗？教育一贯高高在上，属于"上层建筑"，怎么能低三下四迁就于人呢？后来，我们想明白了，教育是一种特殊的服务，一种精神性的服务，服务学生、家长，当然也服务社会和国家。教师是教育者，也是服务者，因此就要与其他服务行业的从业人员一样，为顾客带来愉悦，这就迫使教师做出非常重大的身份转变。

在一所学校里，难道只有教师是服务者，其他人员都袖手旁观或指挥教师服务学生吗？显然不是。当全面质量管理思想和理论引入学校管理后，我们都明白了，原来要追求真正的高质量，就要实施全校、全员、全岗位和全过程的质量管理，也就是要让学校中的每个人都成为服务者。学校中，每一名领导干部、教师、后勤职工，虽然分工不同，但他们工作的实质是一样的，就是都要努力为别人服务，因此，我们可以将校内人与人之间、岗位与岗位之间的关系简单地概括为服务与被服务的关系。

首先是师生关系。教育改革遇到的一个大的瓶颈其实就是师生关系老是调整不好，新型师生关系建立不起来。教师不能放下架子与学生共同学习，不能为学生提供更好的知识服务，那么学生就不会欢迎你。学校应该像同心圆，学生是圆心，向外一圈是教师，再向外一圈是后勤，最外圈是领导干部。由外向内，一圈为一圈提供高质量的服务。

　　其二是干群关系。一直说领导干部要为教师服务，可就是不能令教师满意，看来这不只是一个技术问题，还是观念问题。各部门，学段、课程中心、质量中心、教师中心、学生中心，总务处、人事办公室、年级组、教研组、团队干部，等等，都要为一线服务。既要讲原则，严格执行制度，严格管理；又要换位思考，重感情，通人性，协调好各种关系。

　　三是与家长的关系。家长是客户，相对比较挑剔，这我们应该能理解，因为他们要维护自己的权益，维护孩子的权益。说实话，很多家长对学校是不信任的，毕竟学校和家长之间是信息不对称的。有时家长会说错话，我们只能让他把话说完，把气消掉，再慢慢跟他解释。从理论上说，学校是没有资格教育家长的，在我看来，家长是纳税人，是我们的衣食父母，怎么可以训斥家长呢？教师应多和家长面对面沟通，信任关系是可以建立起来的。

　　向家长告孩子状是可以的，但也要肯定优点，将孩子的错误告诉家长，还要指导家长如何帮孩子纠正。要教给家长一些方法，切不可把你这个教育专业工作者也解决不了的问题一股脑儿地抛给家长了事。教师要做教练，不要只做裁判，学生或家长错了，要教他正确的方法，不要只亮个红牌了事。学校设了家长接待室，正是要体现服务精神，让家长能坐下来，喝杯茶。热情服务家长，将家长作为最可信赖的伙伴，是教师应该去做好的，而且也不难做好的。

　　"人生始于服务，终于服务"，而人生的中间全是"服务"。你生下来什么都不能做，一切都倚靠别人伺候，就是在给别人添麻烦；而当你离开这个世界的时候，显然也是别人在伺候你，帮你做你不能再做的事情。所以，中间这个阶段，你能够做的就是如何去回报，用自己的服务回馈他人。

每个人在不同的工作岗位上为他人提供服务，没有一个人有理由利用手中的职权对他人吆五喝六、指手画脚。只有这样，学校才能完成服务转型，教育才能获得更好的声誉。

39 做一名称职的教育服务者

我们早就习惯了把"为人民服务"挂在嘴上，可是具体到教师为学生发展服务，教师就是一名服务者，却不是所有教师都能接受的。因为那会使人联想到服务员，涉及所谓"尊卑"问题了。而实质上，哪个工作不是在提供服务呢？千万不要小瞧了服务者的工作，因为那是一系列的挑战：不同服务对象的需求不同，为了满足各自不同的需求，你必须不断地改善服务。

那么，教师该如何提供优质的教育服务呢？我想至少要达到以下三个要求。

第一，摆正自己的位置，也就是摆正服务者与服务对象之间的关系。教师和学生，两者之间的关系应该是人格平等的，他们是共同学习的伙伴，这对教师的传统身份是个严峻的挑战。教师是服务者，那么你服务得好不好，同行要评议，但还得参考服务对象的意见。学校怎么才知道学生和家长的意见呢？两个办法，一是进行满意度调查，二是接受举报和投诉。这两个办法做起来都不太麻烦，因为哪个服务行业不是通过设计这两个机制，来持续改善服务并赢得顾客的呢？

第二，提高服务的技能。教育服务不同于一般的商业服务，教育服务是一种复杂的服务活动，对专业水平的要求很高。教师提供的教育服务，既要完成国家制定的课程目标、任务，又要执行学校制定的质量标准，同时要将这些目标、任务和标准设计为学生可接受、乐于接受的服务活动。教师不仅是在完成传递人类文明的任务，还应该用自己的人格力量和文化素养去感召和感染学生。教师不是先要求学生尊敬自己，而是先让自己成为学生的榜样，去赢得他们的尊敬；教师不是简单地用严格控制或批评惩罚去牵住学生的注意力，而是了解孩子们的心理需求，设法用你的魅力、用凝聚在你身上的对真理的敬畏、对善良的信仰以及你的气质、得体的语言、你的激情、你的幽默和真正的对生命的关怀，去吸引并指引每一个孩子。这样复杂的服务活动，如果我们不学习、不研究，就很难胜任。

第三，改善服务的态度。仅仅履行职责是不够的，医院里的病人需要的不仅仅是治疗，商店里的顾客需要的不仅仅是商品，宾馆的客人需要的不仅仅是一间客房，饭店里的食客难道只要一顿午餐？那么，学生呢？他们到学校来仅仅为了毕业证或录取通知书？不是！

几乎所有人一旦成为顾客，必然有三项最基本的需求：

第一是被理解。这就要求教师理解学生，而不是一味责怪学生。所谓理解，就是你把自己放在学生或其他服务对象的立场上去思考问题，去考虑你的服务对象行为背后的各种愿望和动机，以及此时此地他最需要的是什么。

第二是受欢迎。学生到学校或到办公室问问题，必须让他感到受欢迎；教师找到干部或后勤人员寻求服务，服务人员也要让教师感到受欢迎；访客到学校或打电话进来，都要让他们感到受欢迎。如何让他感到受欢迎？你冷漠的、置之不理的态度显然不行。

第三是受重视。每个人都希望受重视，好学生如此，后进学生更是如此。我觉得最好的重视就是赞美，如果我们能赞美学生，欣赏学生，就能让他们感觉到受重视。

我认为良好的服务态度包括以下几点：

1. 微笑。即使心里不高兴，也还得面带微笑。微笑是心情的外部表现，反过来微笑也能改变你的心情。

2. 积极。精神饱满，办事迅速及时，千万别拖拉，别把服务对象晾在一边。事情不能办要告诉他原因，事情需要多长时间才能办好也要告诉对方。

3.倾听。服务对象有苦衷、有困难时最需要服务。你首先要倾听，别随意地打断或轻率地指责对方，要注意力集中，别边听边干自己的活，别让对方站着而你坐着。

4.和善。说话温和，尽量不用命令式的祈使句，尽量不用讽刺性的反问句，尽量不用话中带话的话、指桑骂槐的话，尽量在听完后把自己的感觉告诉对方，语气不要高人一等，不要有霸气和匪气。

我们每个人都是服务者，又同时是别人或别的机构服务的对象。我们每天被人服务，这很正常，那么我们为别人家的孩子服务，有什么放不下的呢？

10 做受学生欢迎的教师

受学生欢迎，并不是你在单向输出。人际关系是互动的，受学生欢迎的教师回报也很丰厚。学生们愿意尊重你，听你的，这就是回报。

学生凭什么喜爱你，欢迎你？

首先是因为博学。你毕竟是教师，知识贫乏是不可接受的，会招来学生的嘲笑。苏格拉底认为，在所有的事上，凡是受到尊敬和赞美的人，都是那些知识最广博的人，而那些受人谴责和轻视的人，都是那些最无知的人。如果你真想在城邦获得盛名并受到人的赞扬，就当努力对你要做的事求得最广泛的知识。

第二是因为高自尊。一个高自尊的人对自己评价高，对自己很有信心，相信自己能教好每个学生。同时，因为自尊水平高，所以你不会竭力维护自己"永远正确"的错误想象，而是更愿意带着欣赏的眼光去看周围的人，更愿意在发生问题时反思自己而不是迁怒别人。

第三是因为嘴巴严。在任何一个群体当中，多嘴多舌的人都不会受到欢迎，师生关系也是如此。孩子们为什么不愿意和教师成为朋友？因为你"不可靠"，很危险，你的两个眼睛不断地在收集学生犯错的迹象，一转身就去告诉他们的家长。你和学生之间没有秘密，就不会受欢迎。

第四是因为有分寸。分寸感表现在：表扬学生不会把他捧到天上，批评学生也不会把他踩到地上。你都会留有余地，点到为止。文明程度高的体面人才会有分寸感，俗话说"做人留一线，日后好相见"，对学生你不用"赶尽杀绝"。

第五是因为会打扮。老话叫作"先敬罗衣后敬人",人是视觉动物,穿着打扮是"人设"的一部分,是你流动的广告牌。青少年学生特别在意教师的衣着,他们希望教他们的老师有时尚感,他们最不喜欢自己的老师"老土"。

第六是因为不失控。一个人能有效控制自己,才能控制局面。一个教师沉着、稳重,气场就大。在学生面前歇斯底里,情绪失控,威信就会坍塌,你会成为学生的笑柄。

对教师而言,去做一个受人欢迎的人,才会有好的口碑。以上六条建议不仅有助于改善师生关系,就是在同事面前也应如此。要成为一个受人欢迎的人,在同事堆里,你的专业要出众;你要有高自尊;你的嘴巴要紧,为人可靠;你有分寸感,不走极端,不偏激;不一定很漂亮却会打扮,衣着得体;情绪稳定,大家对你的行为可以预期。那么,你就是一个万人迷。

有些人你跟他共事很舒服,舒服背后一定是有原因的。

41 欣赏缺陷

我们都会欣赏人的优点，可为什么要欣赏缺陷呢？

因为人类就是充满缺陷的动物。至少在近两百万年内，直立行走和脑容量大还都是个缺陷。直立行走意味着臀部变窄，产道宽度受限，再加上婴儿脑容量大，妇女不好生产，所以必须在孩子尚未成熟时就生下来，继续抚育很久才能学会自立。可是，这么大的缺憾却偏偏能让人适应环境变化，顽强地生存下来，成为万物灵长。

大自然不是为你设计的，如果不能适应自然环境的变化，即使你如恐龙那般强大，也要被淘汰；人类社会不是为你设计的，人类社会是演化的，如果不能适应社会变化，即使你是伟大人物，也会被历史淹没。

人类也不是被设计出来的，而是演化的结果。注意，演化并不是进化。进化（evolution）这个词，当初应该翻译成"演化"，因为演化和进化的区别在于演化是没有方向的。人类之所以能统治地球，纯属偶然。人类怎么会直立行走呢？不是被设计成那样的，而是基因一代一代复制，结果总有一些"抄错"了，而抄错的基因却因为偶然而适应了环境。你看，正是缺陷拯救了人类的命运。

接受演化的思想，你一定会做三件事：

第一件事是传承。你会知道敬畏和尊重，知道之前和现在的存在物是演化的结果，不能轻易被"革命"。你去学习前人的好东西，让它流传下去，这总是好的。

第二件事是交流。你有一个好想法，我有一个好想法，咱俩交流一下，让好东西结合，也许就能产生一个更好的东西。

第三件事就是创新。在一定程度上，创新其实就是随机产生的基因变异。绝大多数的突变因为不符合环境需要被淘汰，可你不能因此阻止突变。相反，你应该创造宽松的环境，宽容那些有缺憾的人和事。

现代进化生物学有个核心概念叫"选择松弛"（relaxation of selection），意思是把环境选择的压力减小一点儿，让生物活得容易一点儿，这更容易带来繁荣和创新。

你个人的发展，道理也一样，你的缺憾何尝不是一种潜能，蕴含未来的无限可能呢？学生的发展也是如此，今天课堂里那个捣蛋鬼，你怎么知道他不是未来的将军呢？

欣赏缺憾是追求幸福的人的一种能力，这种能力来自对自然规律的深刻洞察，出自对"天道"的深刻感悟。

42 防止凋零效应

我们是在教学生吗？是的。

学生是我们教会的吗？不是。

我们有个很大的错觉，以为学生是我们教会的，优秀学生都是我们培养的。这其实就像公鸡以为天亮了要归功于它一样可笑。学校里出了几个优秀的学生，考上清华北大，我们欢欣鼓舞，说这是我们的成果；而那么多学习差的和不想学的，我们一股脑儿打包说这是因为他们的家庭教育有问题。

学生分明是他们自己学会的。你看孔子，三千弟子七十二贤人，为什么三千弟子成不了三千贤人呢？为什么孔子培养学生，成才率那么低呢？答案明摆着，只怪学生自己没学好。孔子作为教育家最大的尴尬在于，他的那么多弟子，居然没有一个超过他的。但是我们不能批评孔子，因为三千弟子是自己在学习，为他们自己的学习负责，怪不得孔子。

学生是靠他们自己学会的，你甚至不能着急，要等他们慢慢成长。格雷格·邓肯（Greg Duncan）领导了一项大规模研究，发现基础教育存在"凋零效应"（fadeout effect）。这个效应是说，如果给学生快速灌输知识，的确能让他们迅速获得好成绩，但这个优势没多久就凋零了。为什么会凋零？因为急功近利违背了学习规律，无论你外部是怎么教的，学习规律摆在那里，急不得。

我们再来看一项研究。美国空军学院把学员随机分成几个班，让他们学微积分。他们把教师分成两类，一类教师特别善于让学生考出好成绩，他们把课程讲得很顺，知识点有板有眼，解题操作流程清清楚楚，练习也非常有针对性；第二类教师则教得很慢，他们教着教着还会"跑题"，经常给学生们讲一些和微积分有关的其他问题，教师不会给学生搞针对性的套路训练，这么教，考试成绩当然也就不怎么好。但是，再过一段时间却发现，第二类教师教的学生在后续学习中，表现却更好，不仅微积分的成绩更好，连用到微积分知识的科学和工程课程成绩也更好。这是为什么？我想，这是因为第二类教师不仅尊重学科学习的规律，而且还遵从了人的成长规律。教师的教只有服务这两个规律，才能获得成功。

教学研究专家约翰·哈蒂（John Hattie）用了15年时间对涉及2.36亿儿童的800多份元分析进行了再分析，在2009年发布了《可见的学习：对800多项关于学业成就的元分析的综合报告》。在报告中，哈蒂把138个影响学业成就的因素的效应量进行了计算并按照大小进行了排序，形成了著名的"哈蒂排名"（Hattie Ranking）。哈蒂把这些影响因素归类到学生、家庭、学校、教师、课程和教学六个范畴中。在学校教育所有可控变量中，教师是造成学生学习结果最大差异的来源。教师行为中影响学生学习的主要有三点：

1. 教师应该是学习的激活者。如果没有"激活者"，学生的学习将难以发生。

2. 教师应该是学生学习的榜样。教师要扮演一个重要角色，即"社会榜样"或"示范者"，是一个"更有能力的他者"的角色。而教师的言行一致，无疑会提高教师在学生心目中的"可信度"，有"可信度"才能成为榜样。

3. 教师应该是学习的促进者。学习者是学习行为的主体，教师作为支持者，要给学生搭建支架，促进学习者挑战难题。

学生是自己学会的，不等于不需要教师，而是需要掌握学习规律和人的发展规律的好教师。他们要成为学生学习的激活者、榜样和促进者。用一句话概括，与其说教师在教学生，不如说要先教自己。

43 要有点儿游戏精神

有两种文化至少看上去是对立的，一种是精英文化，一种是大众文化。

精英文化是忧国忧民的文化，是以天下为己任的文化。这种文化，是容不得游戏、娱乐的因子的。在精英文化的影响下，我们的课堂很神圣，神圣得如同教堂，那么宁静；教材神圣得如同经书，一字都不可更改；教学简直庄严得如同布道；对学生的行为要求简直苛求到了"苦修"的地步。教育一旦如同宗教活动，那么教育就是神父（教师）为了教义（知识）而向教徒（学生）"传教"的过程。难怪教师厌了教，学生厌了学。

一个残酷的现实是，我们的课堂教学不得不与网络游戏争夺学生的注意力。我们惧怕网络游戏，是因为我们的课堂教学斗不过它，我们只能对网络游戏围追堵截，甚至不惜将它妖魔化，好像沉迷于网络游戏是玩物丧志，是在堕落。

网络游戏为什么令人如此痴迷？是因为网络游戏击中了人性特点，让人欲罢不能。网络游戏有以下厉害的招数：

一是目标具体、明确。比如说，《愤怒的小鸟》，我们的目标就是攻击绿皮猪；玩《植物大战僵尸》时，我们的目标就是防止僵尸进到屋子里。

二是必须遵守规则。每个游戏都是有规则的。如果想赢，就得遵守规则，而且规则很不简单。简单了就不需要动脑子，玩家就不愿意继续玩下去。

二是反馈系统。每当你完成一个任务，游戏就会告诉你离最终的目标还有多远，你随时能看到自己的进度。如果你学过行为心理学的基本知识，你就会明白及时反馈是如何"强化"学习行为的。

因为游戏的上述特点，"游戏化"就很有未来。人们不仅喜欢玩游戏，而且将越来越习惯于游戏化的生活，当然也将习惯于游戏化的教学。什么是游戏化？在《游戏化思维》一书中，作者凯文·韦巴赫（Kevin Werbach）和丹·亨特（Dan Hunter）认为，游戏化是采用游戏机制、美学和游戏思维手段吸引他人、鼓励行为、促进学习和解决问题的方式。

无论你愿意还是不愿意，我们已经进入游戏化时代。我们的课堂教学迟早要做出深刻的改变，我们得像设计一款游戏那样来设计一堂课。在一些发达国家，游戏化思维已经在教育界和商界得到了许多成功的尝试。有一些学校利用RPG（角色扮演游戏）的形式来建立课程体系、设置教学内容，通过让学生"接任务"这种寓教于乐的方式吸引他们的注意力，而且取得了不错的成效。

教育界目前很排斥游戏，更别提游戏化教学了。这是精英文化的影响至今没有退潮导致的。游戏、游戏化教学和游戏精神，本质上属于大众文化，娱乐性是大众文化的基因。只有灌注了这种大众文化的因子，教师和学生作为人的生命力量才能获得真正解放。

教师要有点儿游戏精神，这是一种时代精神，是这个时代给予我们的伟大馈赠。

44 要学会做减法

有一种教育是"为社会的教育"，有一种社会是"为教育的社会"。"为社会的教育"，是说教育的目的是健全社会和发展社会；"为教育的社会"是指社会发展的全部目的是教育。

我们的教育向来是为社会的，或为政治，或为经济，因此社会（包括政治、经济等）向来对教育提要求的多，听教育呼声的少。在一个"为社会"的教育中，学校和教师的负担只会越来越重。

那就只能自己来做做减法。

首先，做减法要保持独立性。过于依赖他人，依赖他人的评价，在乎他人的看法，看别人的脸色，这些都是不够独立的表现。所以，一个真正具有独立人格的人是不会纠结的，他们是主动出击而无怨无悔的人，他们不会患得患失。有些工作是在作秀，那就要做减法。比如说，有人在插秧，有人在跳舞，跳的是插秧舞，你想，插秧舞当然更好看，可是却不产生任何效益。假如你就是要跳没有效益的插秧舞，却不愿意好好插秧，那我觉得可能你的人格不那么独立，你在取悦于人了。

其二，做减法要合目的。要减掉那些不合目的的劳动，管理学上说，好的管理就是把一切不产生价值的部分减到最小。哪些劳动不产生价值，就要减到最小。因此，将时间、精力投入无目的的和反目的的事，就是在浪费生命。应砍掉你工作中的枝枝蔓蔓，把时间和精力集中起来，解决最重要的事情。什么事情最重要？合目的的事最重要。

其三，做减法要符合规律。做违背规律的事，那就是在做无效劳动，如果我们静下心来反思一下自己的一天，会恍然觉悟我们有许多事情白做了，有一些事情做下来起了反作用，我们为无效劳动付出了太多青春与心力的代价。

读到这里，你可能在说，做减法说起来容易，做起来难。我承认给自己减负非常难，因此，做减法之前应该先做加法。加什么呢?

首先要加的就是个人的专业能力。个人能力强意味着做事可以更轻松。而且你的专业能力可以转换为与上司谈判的能力，你可以因此获得更大的独立性，因为你可以在一定程度上向"强权"说不。

其次要加的是理性。人只有在克服了盲目和情绪化反应之后，才能在烦琐的事务中找到一个支点。依靠这个支点，我们工作起来才能挥洒自如，游刃有余。理性从某种意义上就是"算计"，因为你会算计，所以你自己就会评估，哪些可以减，哪些暂时减不了。

最后要加的是勇气。内心不够强大的话，就是有充分理由说"不"，你也会选择沉默。有时候，强硬的、蛮不讲理的上级刚好是由懦弱的下属培养的。

做减法非常难，但这是你迈向强大的开始。

45 让学生欣赏悲剧

悲剧，就是一个无论如何都要实现的诅咒，如同穿着黑衣的灵，那样一种步步逼近却总也无可转圜的厄运。中国舞台上的《雷雨》无疑是悲剧艺术的一个高峰。你理解了《雷雨》，也就明白我说的悲剧是什么。

我喜欢歌剧中的咏叹调，《卡门》《图兰朵》《茶花女》《蝴蝶夫人》中的那些咏叹调，歌唱家的倾情演绎，荡气回肠，令我时时不能自已。在那设置好的舞台上，剧中的各个角色却都不是被动的玩偶，他们在无可逃避的命运的笼罩之下，总会做出这样或那样的选择，于是他个人的灾难由此而来。因而，悲剧的美就在于一切美好和神圣都被彻底毁灭。

古老的年代里，先人们有一种奇怪的做法，人们施行拟真的魔法，通过模拟的方式来消除某种邪恶的咒语。这种做法是要用一种伪造的灾难来代替真实的灾难，从而绕过命运的设置。但他们并不排斥人为的选择，虽然结局注定，但人必须做出选择，必须以勇敢的行动对自己的生命走向施加影响。我们欣赏悲剧，正是在欣赏命定之下的人的种种伟大而坚韧的选择。塔西佗说，古人中最智慧的人，把选择生活的能力传给了我们。虽然真正有智慧的人惯常认为，万事自有人力所不能控制的盛衰。

我们不要轻易地就将"命运"一词指向上帝或别的什么神，似乎一个人相信命运就是在搞封建迷信活动，这种观点是幼稚可笑的。命运与上帝或神或人的意志无关。神学家奥古斯丁（Aurelius Augustinus）甚至主张基督徒最好不要使用命运这个词。相信命运也不是要人成为宿命论者，与信神相比，信命运显得更积极些，信命运是要人们相信：任何事情都是依自然法则发生的，而自然法则之外再无神意。

因此，当我们使用"命运"一词时，完全可以用来否定神的力量。那种将命运和神意看作一回事的人，他们认为自己的一举一动都是由上帝事先规定好的，从而委身于他的命运，放弃了道德上的努力，不对自己的灵魂负起道德责任，这才叫作"宿命论"。相信命运的人会做出选择，而且清楚地知道自己的选择应遵从自然，要根据万事的价值使其各就各位，各得其所，如其所应该。

有人将国民的道德问题归因于缺乏宗教传统，我认为说得对，但不全对。说对，是因为如果有宗教信仰，无论如何人们拥有了精神世界，拥有了信念和寄托，这对人类道德总是有益的；说不全对，是因为宗教的宿命意识，会无意间消减人的"建设力"，使人丧失自我选择的冲动和勇敢，从而可能使人类的自由精神萎靡不振。因此，我主张相信命运。

人们道德生活的大敌是什么？一是狂妄，二是无知。当人可以狂妄到世界以"我"为中心，狂妄到可以不受命运的管制，那么人便不能恰如其分地、优雅地自处、与他人相处，也就不能与环境相处。当人无知到了以为凭着一己之力就可以办到一切时，那么他的存在不仅对自己是有害的，而且对他人也是无益的。因此，有两句俗语看来是要狠批的，一句是狂妄的话，"征服自然"；还有一句是无知的话，"世上无难事"。

道德是要让人与人、人与自然恰如其分地交往和相处。这种交往和相处不是出于功利。当人们为了让自己获得好处而对别人好或者保护自然时，这种道德是虚假的和有害的。只有当人知道敬畏，以面对命运时的敬畏之心来坚守一些法则时，道德才能在一个人的骨子里生根和成长。

悲剧中的人们，他们在命运面前选择行动，他们身上焕发出了高贵的美感。让学生欣赏悲剧吧，悲剧会教给学生崇高和美好的品质。

46 允许学生犯错误

学校就是这样一个场所，每个人都可以尝试错误，并从错误中学会正确。

学校是师生共同学习的地方，不仅是学生学习的地方，也是教师学习的地方。学校并不是一个霸占知识的山头，教师不是山头上的山大王；学校更不是一座庄严的神庙，教师也不是神庙里的一尊天神。学校提供了一种可能：师生在一起分享知识，并体验分享、探究知识的快乐。已经没有什么绝对的、永远正确的知识供人们顶礼膜拜了，在学校里没有一个人可以声称自己是知识的富豪而拒绝学习。

什么是真正的学习？真正的学习是一个探寻的过程。在这个过程中，人们往往不是一下子就掌握了真理。这是一个冲破重重迷雾获得顿悟的艰难旅程。学生从犯错误的深刻教训中获得比知识更丰富也更精彩的体验。我们甚至可以这样武断地说：学习就是不断地尝试犯错的过程。

学校是每个人都可以犯错的地方，明白这一点很重要。明白这个道理，就意味着教师已经知道什么是真正的学习。真正的学习不是生硬地记住一些确定的知识，而是学会发现和创造。因此，教师就不仅会宽容学生学习中的各种差错，而且会鼓励他们不必太在意那些差错。让学生学会从自己的错误中获得真知，是教师的本分。

什么样的人特别怕犯错？是那些将犯错误以为是失败的人。人们普遍害怕失败，因此也就惧怕犯错。

心理学家对此有个专门的名词，叫"自利性偏差"（self-serving bias）。自利性偏差包括：第一，如果这件事我没做好，那肯定是因为不可控的、别人的或者意外的缘故；第二，如果这件事我做成功了，那肯定是因为我水平高。因为存在这样的认知偏差，所以失败直接打击人们的自信和自尊。研究发现，过去的失败经历对一个人未来的成功一点儿帮助都没有。一个一直失败的人，将来最大的可能性是习惯性地再次失败，直到陷入"习得性无助"，再也不能自拔。

俗话说，对事不对人。失败为什么不能带来成功？因为失败对的是人。而犯错为什么能帮助人成功？因为犯错对的是事。因此，我们不仅要允许学生犯错，还要祝贺他，因为犯错，他离成功更近了。

其实，我们成年人的学习何尝不是如此？成年人的学习也如同走进了一个漆黑的山洞，要想走出山洞重见光明，就得迈出步子往前探路。虽然会因为迷了路而跌倒在地，或撞破了头，但毕竟我们有希望钻出长长的、黑暗的山洞。

只有三种人不犯错误：一是神，神是万能的，焉能有错；二是不作为者，所谓"不做者不错"；三是看客，做裁判，在一边指指点点看热闹的人，他们永远正确，不会犯错。

47 莫把学生当工具

康德在哲学和伦理学领域的贡献很大，康德提出了三种确定道德义务的方式，值得教师学习，也可用来教育学生。

第一个公式叫作"普遍法则公式"。你个人的道德准则是否站得住脚，要看这条准则上升为全体人的准则会发生什么。如果结果很好，那你的那条准则就能被审核通过，成为全人类准则。比如说，诚实，大家都诚实，这个世界会变得更美好。而你认为羞辱别人是你的准则，可是为什么它是不道德的呢？因为如果每个人都羞辱他人，这个世界会变得很糟糕。所以，我们教育学生的时候经常会说："你考试作弊是不对的，因为大家都作弊的话，考试就会失去意义，你的作弊伤害了这个世界。"

第二种方式叫"人性公式"。康德认为，人总是要被当作目的，而不仅仅被当作手段。这个公式很重要。人性必须得到尊重，这是人区别于其他的动物和植物的地方。但康德在这里用了"不仅仅"这个词，意思是说，有时候，有些场合，人也能作为手段。因为生活中不可避免地会把别人当作手段来满足自己的需要，比如，你去饭馆吃饭，服务员和厨师毫无疑问是你满足吃饭这个目的的手段，你也是餐厅赚钱的手段，但这些都没有违背道德义务。

第三个公式叫"自律公式"。是说你要成为自己的"立法者"，你要用普遍道德原则审视自己的行为。

以上介绍的三条公式，对教师来说，最需要信守的是第二条，因为忘记这一条，教师就容易将学生当成资源和工具。

一些学校心术不正，把学生看作资源。对以盈利为目的的民办学校或培训机构而言，学生具有经济价值，他们前期的资本投入，是为抢夺生源来获取利润。一些学校将学生视为资源，他们知道学校几乎所有的荣誉都是靠一流的学生得来的。生源质量对这些学校而言比学生数量更重要。当学生最终进入高一级名牌学校时，学校就获得了收益。这些收益一开始仅仅是名声，而随着政府加大投入，以及其他隐性收入的跟进，高质量的生源最终会成为经济贡献的保障。这还不包括教师评聘职称和个人专业发展的机会，以及获取隐性收入的机会。

即使义务教育阶段的公办学校，也有"寻租"的空间。在同一学校内依学生程度编班，同样具有经济学意义。在完全竞争条件下，有意造成的班级比较优势，会激发消费者新的需求，从而使原本并不具有经济价值的学生转化为资源。更不必说，利用学校与学生、家长的信息不对称所导致的学校垄断权力，使一部分家长背后的资源转化为学校资源或教师私人资源。

不仅可以将人化为资源，在一个功利世界里，学校和教育很有可能彻底沦为工具：政府追求政绩的工具、评选文明城市的工具、招商引资的工具、拉高房价的工具……在被工具化了的学校，学生更有可能沦为工具。

学生成为工具是普遍存在的现象。如果我们并不尊重学生作为人的基本权利、主体地位、内在需求和个性心理特征，那么，学生就会沦为追求升学率的工具、评选示范校的工具、教师评聘职称和先进称号的工具。

所以，每一次眺望康德，每一次都会为教育汗颜。知道汗颜，至少说明学校还有救，教师还有救，学生还有救。

18 给德育瘦身

我们越是为青少年的道德现状发愁，就越要加强德育工作；而给德育的期待越高，任务越多，德育则越是大而无当，效益低下，广受诟病；德育越是效益不高，青少年道德现状越是堪忧……如此的恶性循环，不得不使我们思考另外一种加强德育的思路：给德育减负，防止德育泛化。

首先是给德育内容定位。

什么是道德？我认为，道德是一种恰如其分地与自身之外的其他现实发生关系的能力。这里的关键是"恰如其分"。什么是恰如其分？这要根据不同情况而定。就比如诚实是我们期待的一种美德，可是无条件的诚实是不可接受的"高尚"，当某人被医生判定得了恶疾，我诚实地告诉他真相，这并不高尚。所以，道德一定不是空喊口号的，而是要直面真实生活的。背诵一堆道德信条，丝毫不能让一个人学会"恰如其分"。

那怎么才能使人学会"恰如其分"呢？关键是两条：一是尊重，二是责任。

这里所说的"尊重"是指"不能伤害"，意味着学生能认真地对待某人或某事的价值，不伤害自己和他人，不伤害所有形式的生命以及滋养它们的环境。这里说的"责任"是指"要去帮助"，责任是尊重的延伸。如果尊重他人，我们就会重视他们，我们就会为他们的利益感到有一份责任；责任意味着面向他人，关注他人，并对他人的要求做出积极反应。

还存在着"尊重"和"责任"以外的其他道德价值观念，比如，戴维·布鲁克斯在他的《品格之路》一书中概括了"谦卑""自律""坚持""气度""独立""勇气""反思""责任""反叛""承诺""自由"；再比如，法国哲学家安德烈·孔特－斯蓬维尔（André Comte-Sponville）认为，"礼貌""忠诚""明智""节制""勇气""正义""慷慨""怜悯""仁慈""感激""谦虚""单纯""宽容""纯洁""温和""真实""幽默""关爱"等构成了人类的十八种美德。但是，这些价值观的核心无一例外地源自"尊重"和"责任"。也就是说，一个人只要学会了"尊重"和"责任"，他就学会了恰如其分的高尚，就会具备道德能力。

因此，我们的道德教育其实用不着兴师动众地让学生学会这个学会那个，只要好好地让他们学会"尊重"和"责任"就足够了。

第二是抓住德育工作的薄弱环节。

德育之所以低效，除了内容泛化，还跟我们的德育普遍忽视体验有关。传统的德育工作过分强调道德认知，给学生灌输道德法则和标准似乎就是道德教育的全部，凡是"说过了"就是教育过了。事实证明，这种简单化的德育不是德育，而是"告知"，是缺乏切身体验的，因而是低效的，甚至是反效的。

除了重视道德知识的学习，我们还尤其重视学生的道德行为。学校不停地出台新的行为规范，不断"加强"对行为规范的检查评比。我们认为道德就是比出来的，是分数量化出来的，可是学生走出校园，他们的行为并未明显改观，这至少说明我们有时候以行为规范为主轴的德育可能也是低效的。

真正有效的道德教育应该触及学生的灵魂，改变他们的情感世界，使我们所宣扬的道德价值观念内化为学生自己的价值观念。因此，德育工作的改进应该集中在学生的道德体验上，让他们在日常生活的真实情境中去感受道德价值的力量。所谓体验就是让学生借助自己的经历，运用直觉，通过感悟来理解事物。

情感教育是道德教育的关键点，也是目前道德教育的薄弱环节。学校要教会学生驾驭自己的情感，将年轻人放纵的情感收服为理性的盟友；要教会学生驾驭自己的行为，将行为收服为理性的臣子。所谓给德育减负，就是死死抓住情感这个点，而在灌输和行为检查评比方面少花些无用的功夫。

49 从满意度到忠诚度

有没有一种模式可以完美而完整地评价教师？答案是没有，至少现在没有。中国没有，外国也没有。

在拿不出更好方案的情况下，凭考试成绩说话，相对来说是更公正的，虽然那也是相对意义上的。所以，中小学校用分数衡量业绩也是没有办法的办法。

有人就说，我们要"办人民满意的教育"，说得很对，但那是国家层面的提法。对学校来说，要找到具体的"人民"是谁，要对"人民"做满意度调查。可是人民是谁？一般的市民不能给学校满意度打分，因为他们未必了解情况，可能对学校教育缺乏体验；家长也不能给学校满意度打分，因为严格地说，家长并不直接享受学校教育服务，打个比方，你去饭店吃饭却让你妈给饭店满意度打分，道理上有点说不过去。

学生能不能打分呢？高校里学生给教师打分，结果逼着教师不敢放开讲课却可能放开了考试，让学生过关。中小学生呢？如果是未成年人，我不知道他们的满意度到底有多大信度。学生不是完全理性的，也缺乏足够的判断能力，学生满意度调查结果不可能成为对教师评价的唯一依据。

教育和医疗这样的专业行业，一向是主张同行评议的。只要保持公开性，让同行可以进入教室和医疗现场，同行评议要比做满意度调查好。

企业把"顾客就是上帝"挂在嘴上，但是企业也没有将用户满意度当成公司运营的最高 KPI（关键绩效指标）。企业早就认识到，产品做得越好，用户满意度就越不重要。你看苹果公司，每一代手机发售，都有人骂，可它在全球手机行业的地位无人可以撼动。还有，你看路边大排档，哪有什么服务，也没有环境，可还是人头攒动，为什么？好吃呗！所以，对企业来说，产品好就是服务好。手机老出毛病，每个月返修一次，售后人员服务态度一流也没用，客户照样拍桌子走人。

那照这么说，学校就不要做满意度调查了吗？那也不是，满意度调查是质量监控系统中的一部分。学校采集满意度数据主要不是用于对教师的评价，而是通过数据跟踪发现问题。那些优秀的教师，满意度不一定很高，但是如果有教师满意度一下子跌得很厉害，或者满意度非常低，就很有可能哪里出状况了。所以，在质量监控系统中，满意度属于"消极控制指标"。

全球著名的咨询公司贝恩公司历时一年，研究了六大产业（包含金融、电信、计算机、电商、汽车及网络服务提供商）超过四千名顾客的调查数据，经过计算和验证发现，其实，比满意度更重要的指标是"忠诚度"。忠诚度又叫NPS（Net Promoter Score），即"净推荐值"，也就是有多少人会把这个产品推荐给别人。忠诚度指标一般用来预测公司未来的业绩。中小学校就近入学，不存在销售问题，所以没有见过哪所学校进行过忠诚度调查。不过，不同的学校、不同的教师，声誉是有区别的。学校受多少学生欢迎、教师有多少"死忠粉"，理论上都是可以测量的。

什么是好教师？确实拿不出好的评估方案来。但至少可以参照三项指标看：学业成绩，满意度和忠诚度。

50 给学困生多一点儿同情

　　学困生不招人待见主要有两个原因：一是他们往往通过破坏纪律来获得存在感，是课堂里的"麻烦制造者"；二是他们学业成绩差，而这笔账可能算在教师头上。为什么我呼吁要同情学困生呢？因为他们可能不适应学校教育，而我们的学校教育实际上很成问题。

　　首先，学困生是不是智力有问题？不是。

　　根据现代智力研究，智力并不是智商测试的分数，而是在追寻个人目标过程中，投入和能力的动态互动。换成通俗的话就是：只要某种能力能够帮助一个人缩短现状和目标之间的距离，这种能力就算是某种形式的智力；而且，这种能力的高低是可以通过投入时间和精力来改变的。

　　以上对智力的认识反映了智力的两个根本特点。第一是多元化，不同的人有不同的目标，实现目标的方式也不一样，也就会有多种多样的智力形式；第二个特点是动态化，也就是智力都能够提升或者退化。

　　学困生为什么值得同情？因为现在的学业考试，数理逻辑和言语智能强的学生普遍更得益，而空间智能、身体动觉智能、音乐智能、人际智能、内省智能、自然智能强的学生在考试制度面前往往成为"失败者"。我们称他们为学困生，你说冤不冤呢？那数理逻辑和言语智能弱的学生就一定学不好吗？不是，因为智力还有"动态化"的特点，智力是可以通过学习和训练大幅提升的。

下面谈第二个问题，学困生如何提升。

没有什么别的方法，刻意练习呗！通过长期的刻意练习，每个人都能培养出某种卓越的才能，这一点已经被心理学研究证实。我们面临的其实是执行困难的问题，学困生往往难以坚持，容易半途而废。

坚持下去的关键在于有没有激情。心理学家指出，人们从事某种活动时，通常会受到两种激情的驱动，一种叫偏执型激情，另一种叫和谐型激情。

偏执型激情往往是外部点燃的激情，他本人处在被动地位，可能是迫于压力、自尊、获得奖励或者某种冲动。这种激情并不能使学习保持持久。

和谐型激情源于一种自由感。一个人在充满和谐型激情时，会感到能够控制自己的活动，自由而且自愿地选择从事该活动，而不是受到某种压迫。

我们反思一下，是不是越是学困生，我们的帮助措施越是靠激发"偏执型激情"而忽视"和谐型激情"？所以，学困生是不是因为我们犯错误而值得同情？

下面谈第三个问题，学困生的创造力是不是被忽视了。

创造力是智力的高级表现形式，我们往往忽视创造力的存在，却关注记忆力这一比较低水平的智力特点。目前的多数考试成绩特别能反映一个人的记忆力水平，却使创造力强的学生遭遇一次次失败。从这个角度说，学困生可能更有创造力。

创造的过程，涉及两种不同的思维模式。一种模式叫发散模式，另一种叫聚合模式。发散模式主要负责搜集素材，自由联想，大胆试错，不断尝试新的角度；聚合模式主要让人集中注意力，理性审视自己的工作，按部就班地执行计划。学校教育中，获益的是"聚合"思维强的学生，他们往往成了学优生，可他们的创造力未必强。真正的创造是在发散和聚合这两种思维模式之间均衡和切换，一味地天马行空和一味地循规蹈矩都不能让你实现创造。

我说学困生更可能有创造力，是因为他们大多数人会在归属感需求和独特性需求这两方面找到平衡。很多人因为找不到归属感而趋向于设法满足独特性需求，他们采取违反常规的行事方式，或者像局外人一样去观察和思考，这些都会提升发散性思维和认知灵活性。那么，学困生是不是独特性需求更强呢？

说到这里，你可能感到委屈了："我要教那么多学生，照你的要求做，不现实。"你的说法我同意。一些问题是系统性的，学校教育这个大系统本身是有问题的，这不是靠几个人、几所学校的努力就能改变的。所以，我只是希望你能对学困生寄予深深的同情，仅此而已。

51 顺乎人性是美

　　我反对任何形式的对教师形象的说教，也许根本就不存在一种假定的形象可以用来描述或约束教师群体的形象，更没有一个固定的画面去绘制或限定教师个体的形象。

　　我们习惯上总要将丰富多彩的生命体凝固在统一的模子里，似乎只有这样我们才心安。我们说女孩要像女孩，男孩要像男孩；领导要像领导，下属要像下属；父母要像父母，子女要像子女；也终于有了学生要像学生，教师要像教师。

　　形象是对一个人或一个群体外部行为表现的一种抽象概括。有时我感到疑惑：是先有形象标准，我们才学会做一名教师；还是我们做了教师之后，才有对教师个体或群体形象的抽象概括？假定事先有了"应然"的一个标准作为面具，然后我们每一个人都努力戴上这个面具，也不管这个面具是否适合我们的精神气质，那对我们就会是一种折磨和威压。人们偏爱"类型化"，这是一种智力上的懒惰。一想起英雄形象，那一定是高大魁梧、浓眉大眼、气吞山河，一想起教师，就是威严中又透些慈祥……然后再用这个标准去审视身边的人，说这个人像小偷不像英雄，那个人像调皮的毛孩子不像教师。

　　如果对教师职业有什么一致性的要求的话，我认为无非要求教师遵守教师职业的基本道德规范，这是职业的底线，而非职业形象。我想，要想实现教育民主，先要让教师悄悄地走下坐了几千年的神坛。更应该告诉所有人，教师，每一个教师都是普普通通、有血有肉的人，而不是神。

走下神坛摘掉面具的教师才有魅力呢！因为真实才可爱。

你只要问一问学生就知道了，他们的喜好多种多样：喜欢老师爱开玩笑，喜欢看老师自己犯了错抓头皮的样子，喜欢老师和他们谈明星逸事，为更爱哪个而争得面红耳赤，喜欢老师讲义气够朋友，喜欢老师突发奇想带他们一起去郊游，喜欢看老师在操场上拔河摔倒在地时的窘态，喜欢听老师在台上唱歌而且跑调……这时你会发现老师与学生的心贴得最近。有时，你不舒服，像别的普通人一样捂着自己的肚子或是沙哑着嗓子，孩子们那一双双眼睛里满是关切；你告诉他们你最近不高兴，很失望，或者最近有好多好消息，他们的注意力就全在你脸上；他们是那么讨厌老师摆架子，他们宁愿他们的老师有很多小缺点，然后他们有资格当着你的面评论你的小缺点并希望你"痛改前非"。这时，学生是多么爱你！

这样的老师充满魅力，吸引学生的是你的个性，是人的个性，你带有一切人性的弱点与优点。首先是真实的，而且是善意的，因而当然也是美的。

所以，当老师，首先是当回自己，不要你刻意扮演，更不要老想着证明自己，证明自己像个老师；你无须证明的，你就是老师，如果你真实，如果你善良，如果你有学问，那么就尽情地在学生面前表现你自己吧。你表现自己的时候，在学生心中，尽管你不高大，也不漂亮潇洒，但是你很美。

到将来，学生们长大成人了，他们可能忘记了学过的很多知识，却一直没有忘记你，还到你家看望你，那是因为他们可以和你一起回忆在小小的课堂上发生过的一幕幕触手可及的故事。

52 将复杂的教学简约化

课堂教学非常复杂，越是复杂的事情，就越要设法实现简约。现在有个不好的现象，在课堂教学领域内新概念特别多，口号也不少，可是换汤不换药，看上去热热闹闹，实质上却没有什么真正的变化，新瓶装旧酒而已。

什么是好课？简约的说法就是"3E"。这是美国犹他州立大学戴维·梅里尔（M.David Merrill）教授的观点，得到了广泛认同。"3E"就是"效果、效率、参与"（effective，efficient，engaging）这三个要素。具体来说：

好课的第一条标准是效果好。

什么是效果？效果就是教学目标的达成度。什么是教学目标？教学目标就是对学生学习结果的心理预期，也就是上完一堂课，你希望学生学到什么，学到什么程度，或者说，你要的结果是什么。

那什么是效果好？效果好主要是指教学目标达成度高。我想这一点应该没有什么争议。举例说，你希望这节课学生能记住十个单词，那记住十个单词就是你的教学目标。如果课后检测，学生果然都记住了十个单词，那就证明你的课效果不错。

好课的第二条标准是效率高。

什么是效率？效率就是速度快，省时间。也就是说，好课是又好又快的，教学目标达成叫作"好"，省时间就是"快"。比如说，某个教学目标，照平常需要两个课时完成，而你只需要一个课时完成，又好又快，这当然就是好课。花更短的时间解决问题，花更短的时间学习一项技能，关于效率高这一好课的标准，显然也没有争议。

好课的第三条标准是参与度高。参与主要是指学生能主动完成任务，独立解决问题，乐于参与更多课堂学习活动。课堂参与度的重要性，也是不言而喻的。

好课的标准很清楚，那怎么上出好课？简约的说法就是需要运用三大策略：情境化策略、自主化策略和合作化策略。

首先是情境化策略。教学应以问题情境为中心，那是因为只有学习者介入解决实际问题时，真实的学习才可能发生。研究者设计了一个实验，看哪种方式能让小学生更快更好地掌握算术技能。一个实验组的学生按照通常的方式来学习，而另一些实验组的学生则通过创设各种有趣的情境元素来学习。例如，"太空探索"情境，在这个幻想的情境中，学生把自己想象成一个太空舰队的指挥官，要到遥远的外星球寻找替代能源，把地球从能源危机中解救出来；还有"探寻珍宝"的幻想情境，在那里，学生要想象自己是一艘寻宝船的船长，前往一个荒岛寻找埋在那里的古代宝藏。实验结果表明，这些新奇有趣的幻想情境，大大提高了学生的学习效率。

第二是自主化策略。学习过程要让学生感觉自己是主人，就要将学习的控制权交给学生。除了学习内容无法更改，其他方面应该尽量让学生自主决定，比如时间安排、学习地点、学习工具的选择等。

第三是合作化策略。就是要让学生广泛联结，一方面满足他们的社交需求，另一方面通过人际互动促进他们对知识的理解。

总之，要上出好课来，用最简单的话来说就是为达到"3E"标准，需要灵活运用三大策略。只有牢牢把握这些内容，你在五花八门的理论和概念中才不至于被淹没。

有人说，思想不够用了才会去造新词。我们不需要。

53　不培养乖孩子

"乖"，可能是中国人使用频率很高的一个词。这个词一般用来形容儿童，"乖孩子"这三个字是中国长辈对儿童的"最高奖赏"，主要用于表扬孩子的服从和满足成人心意的行为；尤其多用于女孩子，也许因为她们比同龄男孩的心理成熟度更高，也更早知道服从，更会揣摩大人的心思。

我们表扬儿童"乖"，一般因为他们服从性强。当我们对儿童的要求非常苛刻，而他们却懂得放弃原有的念头，驯服地听从了的时候，我们就毫不吝啬地夸他们"乖"，说他们"懂事"。我们那一次次赞美，强化了孩子们的乖，他们开始学会放弃，学会依赖。

这个词也偶尔被用于训斥。当孩子开始不那么服从时，我们严厉地责备说，"乖一点！"这时，"乖"这个词成了训斥。而一旦成了训斥，原来赞美时的那满腔的亲昵味，和眯缝着眼的脉脉温情顿时减去很多。如果此时大人稍带点嗔怒而不训斥，实在可以说是孩子们的幸运了。

"乖"是一种文化，渗透在人们的血脉之中，成为我们的行为方式和思维方式，影响我们对孩子言行和品格的价值判断。"乖"这个词不啻为父母们的最爱，同时也是教师们的"武器"。虽然教师不太用"乖"这个富有儿童气和人性化的词语来评判学生，我们有其他更多更丰富的表达方式，比如言语、表情以及其他常用教育术语，但"乖不乖"已经潜在地成了教师心中的尺度。

只要反思一下我们自己的喜怒哀乐就知道，孩子的"听话"是如何增添了我们的"职业欢乐"，而痛楚则来自他们的"叛逆"和"捣蛋"。我们不太欣赏他们的"不听话"，你只要回想一下我们心目中的好孩子，想想他们的名字，再想想他们的行为特点，原来他们大多"懂事""听老师和父母话""中规中矩""柔顺"……再想想我们评出的三好学生、优秀学生干部、优秀共青团员，想想他们一起站在台上领奖，有几个捣蛋的男生？又有几个"特立独行"的怪才？

我认为，我们之所以偏爱"驯化"儿童，除了文化因素外，缺乏改变儿童行为的专业能力和耐心是重要原因。

首先是缺乏专业能力。改变儿童行为的最佳方法就是和他们沟通，通过沟通使儿童产生自我改变的动力。怎么与儿童沟通？要做三件事：

第一件事是接纳他们的情绪。你不能粗暴地训斥："你怎么又不乖了！怎么那么不懂事！"而是"你不喜欢吃蔬菜，对吗？妈妈小时候也不喜欢"。孩子的负面情绪得到理解并被接纳，孩子感觉到被尊重，才会产生内在的力量，从而可能有所改变。

第二件事是与儿童合作。什么是合作？合作就是与对方朝着同一个目标共同努力。训斥和指责不会让儿童与你合作，描述、表达、提示才能建立合作关系。

"怎么又忘记在考卷上写名字了？"这是训斥和指责；"我这里有张没有名字的卷子"，这是描述。"你们怎么一点都不努力，学习难道是为我吗？"这是训斥指责；"这次考试没考好，老师很失望"，这是表达。"你在干什么？谁让你在桌子上乱涂乱画的？"这是训斥和指责；"桌子不是用来写字的，字要写在纸上"，这是提示。

第三件事是批评和表扬。这两件事都不容易做好。表扬要具体，尽量不要使用"太棒了""你好聪明""你真能干"这样空泛、笼统的评价，而要多使用描述性语言，去肯定他们的行为、努力和过程。批评的时候，尽量不带感情色彩地去描述事实。

孩子写了篇作文给妈妈看，妈妈说："太了不起了，真是个聪明的孩子。不过，要是没有那些错别字就好了。"这个表扬往往让孩子难受、泄气。妈妈应该说："你写的人物很真实，特别是语言描写，让我感觉身临其境。不过文章结尾有两个字写错了，来，我们把它们消灭掉。"

读到这里，你可能说："这容易呀，可是这么做太费时间了，我太忙了。"所以，你看，缺乏耐心会让我们采取错误的做法。而你怎么才会有足够的耐心呢？

心里没有爱着儿童，只爱自己，就不会有什么耐心。

54 要重视隐性教育

教育有显性和隐性之分。高级的教育是隐性的教育。

什么是"隐性教育"呢？隐性教育是用体验和潜移默化的方式促进学生发展的方法和过程。这一定义的关键词是"体验"和"潜移默化"。这是说隐性教育不同于显性教育之处，主要在于教育的作用方式上。隐性教育是靠学生自主感知并在暗默中受到教育影响的，而不是像显性教育方式那样"传授 — 接受 — 练习 — 考试"等。因此，隐性教育具有非学科性、开放性、潜隐性、非智能性、动态的、非确定程序的等特点。

为什么说隐性教育更高级？学校教育中的那些"非认知"类的学习领域，都应该由隐性教育去占领，诸如"品德培养""习惯养成""文化修养""身心培养"和"潜能开发"等这些高级内容，实际上都要靠体验和潜移默化的方式才能学会。

有一个词非常流行，那就是"回归"，教育也要回归。回到哪里？不是回到古代，回到狩猎时代、农业时代，而是回归日常生活。日常生活对人的教育就是隐性的。

什么是日常生活？日常生活是自在自发的。在日常生活中，人们凭借传统、习惯、经验以及血缘和天然情感来进行交往。显然，在日常生活中，人们每天都在重复以前做过的事情，比如日常生活中的衣食住行、柴米油盐酱醋茶，等等；日常生活中，人和人之间相互交往，知识也不是那么机械和结构完美的，日常生活中的学习是有意义的，是为解决真实问题的。

　　人们情感道德的习得其实都是直接从常识或者日常规范中生发出来的，在情感、道德方面不必去做类似物理、化学这样的高深的研究，那些道德考试第一名的学生未必是最道德的。

　　我这里所说的回归生活，并不是说要放弃对学生的教育，而是说要由生活本身来教育他们。我的意思是说，教师要借助生活进行教育，用生活化的方式去教育，以及更积极地构建一种有利于情感、道德成长的校园生活。具体来说，教育要促进师生间、生生间的自发的交往，增加交往的"频度"和"深度"；教育要抓住生活中的契机，随时进行教育；教育要学会等待，给予学生良好的期待，而后等待生活的转机；教育要靠自然情感流露，要关注每个人的感情生活，让每个人体验到真实的"爱恨情仇"。

　　一个杰出的教师，他的眼光在于总能发现那些别人看不见的东西，而正是那些看不见的东西，可能才是我们要的高级的教育。

55 学会惩戒

　　2021 年 3 月 1 日起，《中小学教育惩戒规则（试行）》（以下简称《规则》）正式施行，对此，学校和教师很欢迎。因为以前遇到问题学生和越轨行为，教师手中缺少办法，甚至连批评都不敢。为了少惹麻烦，一些教师抱多一事不如少一事的心态，取不作为的消极态度。传统教育中，家长和教师是站在共同立场上来管教孩子的，可现在学校的公信力下降了，对教师的负面评价增多了，家长越来越不买账了，对教师的教育行为常常会产生质疑。现在好了，《规则》出台了，就不怕了。

　　国家出台关于惩戒学生的《规则》，在背后撑了学校和教师一把，肯定受学校欢迎。可是，且慢，细读《规则》，发现惩戒学生并不容易。如果把握不好的话，对学生的惩戒会是个"坑"。这里我要给大家泼泼冷水。

　　什么是惩戒？

　　因为教师的违法与侵权行为多发生在对学生的惩戒中，所以要了解惩戒的内涵，以免擦枪走火。《规则》称，教育惩戒，是指学校、教师基于教育目的，对违规违纪学生进行管理、训导或者以规定方式予以矫治，促使学生引以为戒、认识和改正错误的教育行为。

　　我解读一下这个定义。

　　1. "惩"即惩处、惩罚，是手段；"戒"即戒除、防止，是目的。在教师的惩戒活动中，手段与目的应紧密相连。惩戒不同于惩罚，惩戒强调教育效果与目的的达成，而惩罚只是让惩罚对象痛苦。

2. 你的"惩"如果不能"戒"，也就是不能"促使学生引以为戒、认识和改正错误"的话，"惩"是失败的，那就值得反思。以下是条例中规定要"戒"的行为：故意不完成教学任务要求或者不服从教育、管理的；扰乱课堂秩序、学校教育教学秩序的；吸烟、饮酒，或者言行失范违反学生守则的；实施有害自己或者他人身心健康的危险行为的；打骂同学、老师，欺凌同学或者侵害他人合法权益的，等等。你要看清楚，这些不良行为哪些是容易因你的"惩"而"戒"掉的。

3. "惩"这种方法主要是通过给学生身心施加某种影响，使其感到痛苦或羞耻，激发其悔改之意，从而达到矫正的目的。而"惩"在诸多教育手段中，"戒"的效果一直不理想，使学生"痛苦"和"羞耻"，未必能使其悔改，反而更可能引起逆反和对抗，这一点大家都很清楚。更何况，《规则》规定的"惩"，未必真能让学生"痛苦"和"羞耻"。我们来看看"惩戒"手段有哪些：

《规则》根据程度轻重，将教育惩戒分为一般教育惩戒、较重教育惩戒和严重教育惩戒三类。

一般教育惩戒适用于违规违纪情节轻微的学生，包括点名批评、做口头或者书面检讨、增加额外教学或者班级公益服务任务、一节课堂教学时间内的教室内站立、课后教导等。

较重教育惩戒适用于违规违纪情节较重或者经当场教育惩戒拒不改正的学生，包括德育工作负责人训导、承担校内公共服务、接受专门的校规校纪和行为规则教育、被暂停或者限制参加游览以及其他集体活动等。

严重教育惩戒适用于违规违纪情节严重或者影响恶劣的行为，且必须是小学高年级、初中和高中阶段的学生，包括停课停学、法治副校长或者法治辅导员训诫、专门人员辅导矫治等。

你看，这些办法不就是我们本来就在用的吗？有什么大不了的呢？

4. 你的"惩"很合理，"戒"也有效，是不是就可以"高枕无忧"了？还不能，因为你还得符合惩戒程序。《规则》规定的一般教育惩戒，可以由教师当场实施，且可以事后根据情况告知学生家长；而实施《规则》规定的较重教育惩戒，教师应当报告学校，由学校决定实施，且学校应及时告知家长；实施《规则》规定的严重教育惩戒，只能由学校实施，且必须事先告知家长。同时，《规则》规定在实施严重教育惩戒和给予纪律处分时，应当把听取学生的陈述和申辩作为必经的前置程序，学生或者家长申请听证的，学校应当组织听证。你看，照这些程序走，是不是又"繁"又"难"？

5. 惩戒合理且程序正当，你就没事了吗？不，《规则》为防止教师惩戒失当，对教师惩戒行为做了如下限制：以击打、刺扎等方式直接造成身体痛苦的体罚；超过正常限度的罚站、反复抄写，强制做不适的动作或者姿势，以及刻意孤立等间接伤害身体、心理的变相体罚；辱骂或者以歧视性、侮辱性的言行侵犯学生人格尊严；因个人或者少数人违规违纪行为而惩罚全体学生；因学业成绩而教育惩戒学生；因个人情绪、好恶实施或者选择性实施教育惩戒；指派学生对其他学生实施教育惩戒；其他侵害学生权利的惩戒行为。以上行为都是不允许的。一旦家长和学生提起申诉，你要能拿出证据证明你的惩戒行为没有侵犯学生权利。

读到这里，你可能对《规则》失望了，这哪里是"惩戒学生"的规则，这简直就是"限制教师惩戒学生"的规则。

但是，我写这篇文字的本来目的，就是要灭了你对惩戒学生的不切实际的幻想，不要以为你能惩戒学生了就能为所欲为了。世界上任何一种权力都是一种强制力，都会对权力对象产生一定的伤害，因此，任何一种权力都是需要限制的，教师的惩戒权也是需要限制的。

56 别让学生失语

符合以下条件的状态可被称为"失语"：

1. 面对情状，感觉无话可说，默默地羡慕别人有"三寸不烂之舌"，只怪自己口拙嘴笨。此谓"低级失语"。

2. 想说，却又不知从何说起，目瞪口呆，脸红心跳，满嘴是话却哽咽着吐不出来。此谓"中级失语"。

3. 说了一大堆话，却引不起别人注意，因为几乎没有一句话是他自己的，人云亦云，泛泛而谈。此谓"高级失语"。

失语不仅表现在口头上，也表现在笔头上。凡是表达，不管是口头的还是笔头的，都可能无话可说、不知从何说起或废话连篇。口头上的失语者远远少于笔头上的失语者，因为口头比笔头少了很多禁忌。人们的视觉似乎总比听觉挑剔得多，而同样"物化"了的语言呈现方式，表现为文字的总是比表现为声音的更容易留下"祸端"。我们对文字不宽容！如语文教学中的"听说读写"四大语文能力培养，相对来说，我们对学生"听"和"说"方面的要求比对"读"与"写"的要求宽容得多了。对大多数普通学生而言，虽然他们将来"听"与"说"的机会要远多于"读"与"写"，可我们照样执拗于文字表达，实在是因为文字表现为"空间性"而非"时间性"，因而可以便利地将此作为衡量其表达水平高低的凭据。

高考结束，一些学生的作文水平实在不敢恭维，语文教师分析学生的作文时，大致可以诊断出三大普遍的毛病：1. 表达无内容；2. 表达没规矩；3. 表达无个性、无新意。最终都可以归为一个结论：高考作文现状表明，我们高中毕业生"失语了"。

仅仅是高中毕业生失语了吗？不！难道我们看不见小学生和初中生就被要求学习说别人的话了吗？当他们还不知道说什么以及如何说时，他们就被迫按成人的要求说话。你指望这样的学生到了高三居然不失语？

如果批评语文教师没教好，他们一定不服。对高考这种高利害考试，学生不是要写出多么精彩的人间绝唱，而是要做到少失分乃至不失分。在高考作文中表现自我，就是对自己前途的不负责任。谁敢放开写？还要不要前途啦！你看，学生表达的本能与冲动，就这么轻易地被考试绞杀了。

即使不提中考、高考，在平时的写作中能"我手写我口"？恐怕也不行吧。学生在正式表达之前就被灌输了某些"正确"的价值观。他们渐渐失去了表达的欲望。

学生在作文方面的失语，使他们的表达从作文领域退出，但并不意味着他们在其他表达领域退出。他们的着装、表情、手势等都在表达。他们在网络空间上甚至还另有一套话语系统。他们远离作文，却未必疏于表达。学生不会真正失语，他们会用我们听不懂的方式说话。我不悲观。

在任何一个时代，只有成年人会失语，很多教育人不早就失语了吗？

57 让学习活动更刺激

有专家认为，专注力比智商更重要。学习需要专注，专注力对普通人的学习成绩有决定性的作用。学生为什么上课时不够专注？因为你的课不够刺激。学生打电子游戏时为什么就那么专注？因为游戏刺激。

什么是专注力？简单地说，专注力（concentration）是使用注意力（attention）的能力。什么是注意力？注意力是对信息的筛选能力。为什么集中注意力很难？因为大脑从一大堆信息中筛选出自己所需要的信息，这件事特别费能量。学生为什么会被电子游戏吸引？道理太简单了，刺激的信息更能被注意。

专注力意味着你可以选择看什么就能看到什么，也意味着你不看什么就能忽略什么。只要刺激的信号一到，大脑立马释放出大量的多巴胺、血清素之类的神经递质，于是你的大脑神经元迅速活跃起来，情绪也激动起来。这个时候，你的大脑高速运行，正是学习的好时光。研究发现，如果学习者对所学的内容产生强烈的兴趣，热情被点燃，那么大脑的可塑性就会提高，人就会学得更好。这就是说，要想学好，就尽量不要悄悄地学、默默地学，而要激动起来。我们的课之所以输给了电子游戏，是因为我们的课还不够刺激。

大家越来越认识到，课堂教学的本质其实就是"对话"，学习者与文本对话，学习者与教师对话，学习者与学习者对话。显然，最"刺激"的也是最受学生欢迎的对话活动就是"生生对话"了，而什么样的对话又是格外刺激和受学生欢迎的呢？那就是"争辩"性活动，这类活动最为激烈，又富有对抗性。

从争辩性活动的功能上来看，它无疑能促进积极的学习。积极的思维活动有助于学习者学习，这应该是个常识。这是因为，脑细胞处于活跃状态时，脑细胞之间会不断地进行沟通，从而建立起新的联系。任何积极的思维活动都将使大脑细胞处于活跃状态，有助于提高大脑的灵活性，增强其机能，从而提高学习效率。可见，课堂教学中的对话活动之所以能促进学生学习，是因为互动性强的人际对话给大脑提供了所需的各种刺激，从而使大脑细胞始终处于"被使用"的活跃状态，这种功能上的活跃状态进一步提高了学生思维的活跃性，当然也就提高了学习的专注度。

此外，在激烈的争辩活动中，为了清楚地表达自己的观点，学习者必须根据自己对环境和对手的观察分析，选择并运用学到的词汇和表达方式，有条理地表达自己的观点，这将大大刺激他语言能力的发展和智力发育。通过争辩，学生可以学到争论、辩论的逻辑技巧，这对他们思维日后的发展是极为有利的。

不过，不是所有老师都愿意在课堂中使用争辩性活动，我想可能是怕课堂"出乱子"吧。不知道大家有没有想过，为什么会怕课堂秩序混乱？还不是因为我们的专业技能还不够扎实嘛！

几乎所有新的教育理念听上去都不错，可是实施起来往往都很难，因材施教是如此，让学生喜欢课堂也是如此。

你想让学习对学生有多刺激，你就得有多大能耐。

58 尊重学生的学习方式

　　大班级授课制在提高教育效益的同时，抹杀了学生学习的鲜明个性。学校往往将不同的每个人当作完全相同的人来对待，有统一的内容、统一的进度、统一的学习方式。过分强调一致性与共性所造成的问题，教育界一直在反思。

　　让我们先来看看人是如何学习的。

　　认知理论是这么解释的：如果今天教师教一个词"苹果"，学习者是如何掌握这个词的呢？他们先接收了"苹果"这个信息，然后通过思维活动理解了"苹果"，最后吸收、记忆了这个信息。这就是学习的接收、组织和加工、吸收三个环节。下面，我们就来看不同个体在这三个环节上会有多大的不同。

　　首先，不同的学生以不同方式接收信息。从学生的学习类型进行分类，可以分为视觉型、听觉型、动觉型（或触觉型）。视觉型的学生表现为上课认真听讲，多数时间视线紧随教师，对自己看过的事物记忆深刻，回答问题时说话速度也是比较快的；听觉型的学生喜欢秩序，说话较慢但很有条理，喜欢交谈与聆听，行动力稍次；动觉型的学生往往通过感觉活动来认识世界，他们必须亲自动手才能学习、理解和接受事物，他们表现出好动的特征。为什么好动的学生学习容易失败，是因为他们通过触摸和身体运动学习，而传统的学校教育除了视、听之外不允许学生有其他学习方式。那些好动者成为学习困难的学生，实际上是他们因为接收信息的方式独特而受到了教育制度的惩罚。

其次，不同学习者以不同方式组织和加工信息。要了解人对信息的组织和加工，必须了解人的大脑。我们将人的大脑分为左半部分和右半部分。左半部分发达的人，语言智力发达，即读、写及用语言交流的能力强。这一能力在作家身上得到高度发展。逻辑、数学智力发达，从事科学家、律师等职业的人这方面智力特别强。而右半部分发达的人，在音乐、空间、身体、人际交往上有天赋，更能成为音乐家、建筑师、画家、运动员、舞蹈家、飞行员、销售人员等。

一些教师对学生偏科的现象总是不解，其实，人的大脑已经基本决定了学生不可能所有学科全部优秀。当外部信息进入大脑后，不同的人以不同的方式组织加工，左脑强的人以逻辑或线性顺序的分析方式加工，右脑占优的人则通常喜欢对事物的整体进行综合描述。当然，将分析与综合两种方式结合起来是最佳方式，不过除非经过有效训练，否则想达到这一点是十分困难的。

目前的学校教育毫无疑问适合左半脑发达的学生，这种局面尚无改变的迹象。左右大脑的发达与否主要是遗传在起作用，对左脑不强的学生，教师应长期对学生进行逻辑、语言训练以使他们适应学校教育。不过，更重要的是发挥学生的优势，一旦学生被证明能在体育方面发展，又何必再强求他成为科学家呢？

最后，知识的牢固掌握还需要信息的吸收，即记忆与储存。周围的物质环境明显地影响学生的这一过程。有的学生喜欢独自一人学习，另一些喜欢与小伙伴们一起学，还有一些学生则希望有父母陪伴；一些学生的生物钟是适合于早晨学习的，这在学生中只占三分之一，看来大部分学生喜欢晚上学习，另一小部分则是夜猫子，非到深更半夜不可；有的学生学习时需要绝对安静，有的学生则边听音乐边学习效率才高。

我们从学习三环节中分析出各种各样的学习方式，是希望教师们更尊重孩子的学习方式，也许更好地适应学生的"学"要比一味地让学生适应教师的"教"更为重要。

虽然我们无法真正适应每一个学生的学习方式，但是我们毕竟在努力。

59 杜绝精神虐待

在教育学生的武器库中，有一类利器名曰"精神虐待"，包括吓唬、激将法、督促、冷漠四大"宝物"。

吓唬是极方便使用的方法，现在教师一般不敢再打骂学生了，不是因为打骂要花力气，费精神，而是怕犯了法引火烧身。吓唬只需用令学生恐惧的语言加上严厉的神态就够了，如"要是不考及格，我叫你父母来收拾你！"或"你要是读不好书，以后去扫马路"。

吓唬被事实证明不能促进发展，反而很容易伤害孩子。吓唬对稚嫩的孩子来说是一种强刺激，使孩子紧张，长期受吓唬的孩子胆小、懦弱。如果常用吓唬的办法，会降低教师的威信，因为教师警告的可怕后果并不总能兑现。孩子到初中以后，更不能吓唬了，因为这时他们逆反心理强了，教师吓唬之后，他们表面上臣服，可心里一定会嘀咕："我非不……我偏要……我才不怕……"

精神虐待的第二件宝物叫激将法。当学生取得了一点儿进步，为防止他产生骄傲情绪，教师特别喜欢拿别的学生的优点来与他的缺点相比较，或拿更高的标准来与孩子目前的水平相比照，而这种比照又往往以讽刺、挖苦的形式出现，如"就偶尔一次，有什么了不起，和某某相比你差远了"，或"考了95分，就那么得意，为什么不能拿100分呢？"抹杀学生的成绩，甚至以功为过，这是期望值过高的教师的通病。教师可能为此辩护，说这是"激将法"，其目的是促学生上进。激将法在战场上也许管用，但在刺激学习上却往往没有什么好结果。

第三件宝物叫督促。学生在学校甚至在家里学习，全由教师一一安排好，我们还振振有词地声称这是负责任的表现。学生在听课或者做练习时，教师在他的身边，不停地说："认真点，仔细点，怎么又开小差了，怎么又错了，手不要玩笔……"监督学生学习，催促学生专注与用心，已经融入教师日常的教育教学工作，不自觉地用没完没了的督促取代学生自己的学习和探索，那是因为我们是成人，我们对学生总是不放心。学生最不喜欢教师啰唆、唠叨；而教师也很苦恼，为什么这样苦口婆心地提醒、督促了，可他们还读不好书呢？一些教师可能还会说，这也是没有办法呀，"有些学生学习那么差，可他一点儿不知道着急"，看来只有在身边督促了。给学生自由的心理空间吧，因为在学习没有成为他们的主动行为时，他们的学习就不会真正好起来。

精神虐待最可怕的是冷漠地对待犯错的学生。教师为了表现自己在教育学生时的权威性，一旦学生成绩不理想或者犯了什么错，就白眼以对，冷脸相待，有时白眼一瞪就好几个星期，这样会引起学生内心深重的焦虑。

我们已经放弃了体罚，但是放弃体罚并不意味着教育已经进步，教育的真正进步在于我们教师开始尊重学生了，把学生真正当作人来尊重了。如此我们就不会在放弃身体虐待后，还保留没有外伤的精神虐待。

60 与学生结为学习伙伴

我们倡导教师终身学习，教师职业比任何其他职业都更需要学习，这一点无须多说，教师不读书是很可怕的。我们要求学生学习，为促进学生学习，我们有计划地为学生制定学习目标、学习任务，并由教师指导学生养成良好的学习习惯，掌握科学的学习方法。不仅教师要学习，学生要学习，而且师生还要交互学习。

我们过去讲"教学相长"，是指教师在指导学生学习的过程中也得到了长进；我们还提"师生互动"，是指课堂教学中教师与学生的交流与合作关系，由原来师生单边的交往，变为多边的、多角度的、多层次的交往。学校建设学习共同体，就是要打破藩篱，建立让教师和学生共同学习的新格局。

师生共同学习是一种姿态，一种教师将自身与学生置于平等地位的姿态。这种姿态是以往师生关系中不可能有的。我们经常在纸面上或口头上提师生平等，但教师作为课堂管理者，以及学生学习的组织者、指导者，如何才能建立平等关系，平等又在哪个层次上，这些问题一直没有很好地解决。我认为，在许多方面，师生之间不可能完全平等。平等是有条件的，如果教师、学生都以学习者的身份出现，师生同时面对知识，才可能平等起来，平等地交流甚至争论。

师生共同学习是一种氛围。教师习惯于担任学生学习行为的"监工"，使学生习惯于被动学习。如果师生能共同学习，教师和学生就都会成为学习的主体，成为自己学习的主人。人一旦成为学习的主人，就会激发起很大的创造性和积极性。在学生主动学习的状态下，教师教学才会更有效。

师生共同学习，更是一种教学方法。这种方法对教师课堂组织（大班授课与分组教学、个别化教学相结合）、课堂管理（提问、反馈、分工等）、课堂程序编制、课堂交往等技术和能力方面提出了更高的要求，对教师管理课堂是个挑战。

"共同体"一词最早源于古希腊语，具有"集体、共同体、联合体"等意义，它是自古希腊以来西方政治学的一个基本范畴。马克思也描述了"共同体"，他将基于个人的自由联合所形成的"共同体"称为"真正的共同体"。马克思指出："只有在共同体中，个人才能获得全面发展其才能的手段，也就是说，只有在共同体中才可能有个人自由……在真正的共同体的条件下，每个人通过这种联合获得自己的自由。"

美国教育家约翰·杜威倡导教育中的共同体（community）价值。他认为学校应该是共同体，因为个体只有在共同体内部才能实现生长，实现个体经验的不断改组或改造。他强调在共同体中人与人的平等，师生关系和生生关系的平等。杜威重视人与人的平等对话，认为这是每个人进行经验重构和社会协商的重要方式。

美好的学校中，人与人之间是结成伙伴关系的，教师与学生应该成为真正的伙伴。

61 点燃学习热情

是什么力量让学生来学校读书？

首先是习惯的力量。别人家的孩子都到学校上学，我们家孩子也得去呀！到学校去上学是天经地义的事。可是，在一百多年前，我们还没有现代学校，当时就没有这种习惯的力量。如果有哪位家长说"我偏不送孩子上学"，就像爱迪生的母亲那样，也可以。自从有了"义务教育法"，习惯的力量就变成了法律的力量。

第二是强制的力量。你认为学生会自愿到学校去吗？我没有做过调查，我只记得过去我念书的时候老想着逃学，读大学时还逃学。逃学被抓住了，免不了家长一顿暴打，教师一顿恶骂。学校和家长是强势集团，学生是弱势人群，逃学是鸡蛋撞石头的事，谁还敢？

现在的教育制度基本就是强制教育，学校有那么多条条框框在限制学生。我们很喜欢统一规定、统一要求，我们的审美眼光就认为，统一的服装是美的，统一的姿势、统一的格式、统一的字迹是美的，我们的制度就为了保证统一，我们的眼里揉不进沙子，见不得"异端"存在。而我们的学生，恰恰处在一个学习社会化的过程中，他们的天性很自然，他们的个性很鲜明，他们是一览无余的天真，却不得不适应学校制度，他们很好动，可学校制度出于各种正当的理由，杜绝学生"动"的欲望，即使动也要统一动。我们事先做了一个模子，要制造符合标准的产品。我敢断言，并没有多少学生真心实意地愿意到学校来。

我们往往通过外部手段迫使学生读书，这些外部手段合起来用一个字概括，那就是"逼"，用批评、惩戒、指责、讽刺、休罚的方法来逼，或用哄骗、引诱的方法来逼。外部手段往往有效，因为负强化引起人的恐慌，正强化让人陶醉。外部手段有效，却没有长效。

有没有什么办法让学生自觉自愿到学校上学？

心理学家开出的药方是"释放热情"。让我们先来了解一下一个热门词"grit"，grit本来指坚硬、耐磨的沙砾，也用来指"坚毅"。宾夕法尼亚大学心理学系的教授安杰拉·达克沃思（Angela Duckworth）让这个词成为热门。她的 TED 演讲——《坚毅：释放激情与坚持的力量》非常火，点击量已经有千万余次。达克沃思给出了一个公式：坚毅 = 激情 + 坚持。她认为，坚毅是比智商、情商、自控力等更重要的品质；而要提高坚毅指数，热情很重要。

热情那么重要！而教师应该是点燃学生热情的人。怎么点燃？办法就是激发学生兴趣，让学生真心喜欢你教的学科。此外，要多鼓励学生，让学生有更多的成就感，让成就感和做人的尊严吸引学生；要创造良好的校园文化氛围，丰富学生业余活动，让环境吸引学生。

62 不培养两面人

　　教育到底应该培养什么样的人，大家意见未必一致，但教育是为"立人"服务的，不应该培养"两面人"却是个共识。

　　"两面人"这个词很有意思，这个词是指人格的一种变异，或称为"两面三刀"，或称为"阳奉阴违"，或被认为是"虚伪"和"油滑"。其"两面"指的是针对不同场合、不同情境、不同对象，人会有两种截然相反的态度和表现，他的行为表现反差非常大，其人格之卑下往往受人唾弃。

　　不幸的是，一些学生可能染上了这一不良人格病症。我们见多了小孩子校内校外不一样，教师在与不在不一样，嘴上说的和实际做的不一样。对学校和教师而言，孩子中的"两面人"并不可怕，也没什么害处，相反倒是挺可爱的，小小年纪如此乖巧。反而那些"单面的"捣蛋鬼，肆无忌惮地搞"破坏"，更不受欢迎，他们虽然单纯，却常常不仅破坏"法度"，还有损教师的尊严。

　　可是，这些两面的"小大人"长成大人后就很可怕了。我们早已发现，生活中不乏两面人，他们"骑墙"的姿态，令人反感，也许他们一样无害，却没有风骨，玷污了我们民族的品格。

　　那些聪明的"两面人"是怎么制造出来的？他们虽不是学校培养的，却是在学校这块土壤上生长的。一开始，孩子们绝对是"单纯"的，他们依着原来就有的样子自由自在地一天天长大。到了学校以后，老师告诉他们，那种自由自在的样子不是好学生的样子，告诉他们应该是什么样子，让他们努力变成应该成为的样子。然后，有一些学生真的很努力，他们真的变成了老师所期待的样子，因为老师所期待的样子被称为"行为规范"；另一些孩子学不会，因为他们不适应学校制度，学不会老师给定的样子，而他们恰巧又"无法无天"，成为学校秩序的叛逆者，而且将来可能还是社会秩序的破坏者；还有一部分孩子，这些孩子占了多数，他们慑于教师和家长的双重压力，被迫屈服，而他们心底里不理解也很难学会扮演教师所告知的规范，因此，出于自我保护，他们选择只在某些特定的场合服从规范，如教师在场时，或者家长在身边时。

他们学会了如何不让教师发脾气，以避免自己的行为让自己付出太大的代价。他们中有些聪明人甚至学会了投教师所好，他们"良好"的行为表现往往超出教师的预期，因为对一个学生来说令教师满意太重要了，因为他们的尊严靠着教师的赐予。而一旦他们中的任何一个远离了特定场合，马上"露出真实的尾巴"，他们变本加厉地做回自己，"恶补"失去的"自由"，因此，他们往往更想去破坏秩序以对自己进行补偿。于是，他们就成了"两面人"。如果这一切成为习惯并最终形成某种不良人格，那么他们的一生都将缺少做人的尊严，苟且而虚弱。

我分析"两面人"形成的机制，并建议教师反思以下问题：一是我们无意中导致学生人格变异的问题需要怎样解决？二是我们如何让学生在真实起点上学会"教养"，而不是用"应然"替代"实然"？三是我们如何创造一种心理环境，这种环境可以让学生自觉地逐渐地学会规范，而不是出于逼迫和威压？

63 实现行为规范教育专业化、复杂化

经常听到说有学生因为犯规而受到教师的教育和训诫。教师工作几乎有一大半是围绕预防学生犯规、阻止学生犯规、惩戒犯规学生而展开的。这使得教师尤其是班主任整天不得安宁。

假设学校没有对学生的规范要求，教师便不会那么忙碌。但这不可能。如果没有规范，学生全都自由自在，失了法度，学校的教育功能就根本无法实现。

假设学校中，学生可以自主制定某些规范并自觉执行，那教师也可以抽出身来干点儿别的更重要的事。但这也不可能。因为学生只是孩子，他们尚不是完整的、具有完全行为能力的人，他们往往依赖他律而不是自律。

假设学校中设专业人员管理有关规范的事务，让教师只需授课即可，也不失为一个好办法，但成本太高，况且学校本非监狱，使用强制力是有限度的。

假设学校中教师拥有更强有力的手段来惩戒学生，使教师兼具"执法"功能，在必要时可以"动刑"，效果一定比每日里苦口婆心、时时地"盯、关、跟"强多了，但这些古已有之的方式，今天被称为"侵权"。

上述这些限制使教师陷于两难境地，学生在校期间必须遵守规范，无规范则"校将不校"，但学生一般都是规范的"破坏者"，不是明着破坏，就是暗里破坏，而学校又不可能让专门人员负责两三千人的规

范问题，更不可能授予教师强有力的惩戒权。因此，唯一正确的道路是实现行为规范教育的专业化、复杂化。

我们要多追问行为规范教育的目的，即在教育过程中始终如一地有目的，并使教育行为合乎目的。不过，以下目的是不正确的：

1. 为了学校形象。我们学校现在出了点儿名，来参观、考察、交流的人比以前多了，学生行为规范好了，可以取悦于人，让来宾们印象深刻。

2. 为了领导满意。学校领导将学生行为规范作为关注重点，如果这个阶段学生行为规范有问题，会让领导印象不好。

3. 为了荣誉。现在每个班的行为规范都要评比，评比就要量化，量化结果与奖惩挂钩，涉及班级和个人的面子问题。

4. 为了看着舒服。瞧，学生行为规范多好，令教师很有眼福和耳福。

这四个目的，不管是被声称的或被隐藏的，都是功利的、实用的，不合教育目的。教育之所以受批判，学生行为规范有问题是一项，行为规范水平为什么小学比初中好，初中比高中好，高中比大学好？不是教育技术有问题，而是长期以来我们的教育目的有问题。

我认为，行为规范教育的根本目的是让学生从小学会基本规范，可以让他在现在和未来更适应社会生存。学校规范本身是社会道德规范的一部分，是社会文化的浓缩液，体现了我们民族在这个时代中的价值取向。总体来说，规范应该促进学生在学习规范中发展，而不是用规范限制他，使他"窒息"。

问题是，我们成人制定的那么多规范要求、条条框框，是外部强加给学生的，不是出于学生自动、自觉、自发的需要，因此就需要教育。教育不是下述简单的过程：

第一步，告知规范，并命令学生记忆。第二步，训练，使其熟练，并做到自动。第三步，宣布奖则与罚则。第四步，观察与评比。第五步，实施正、负强化，矫治。

上述过程也许是"驯兽"，但不是"教育"。以下才是教育的特点：

1. 体现"养成"。教师心中有明确的规范要求，然后在一个又一个生动、具体、可感的情境中，启发、引导、纠正，如涓涓细流，顺势而进，源源不绝。

2. 体现"人道"。必须使用人道原则，人道的教育用慈善心感化，让学生人性中优美的东西渐渐醒来。以恶制恶，以毒攻毒，以暴制暴，以兽道对兽道，都不是人道的。

3. 体现"化育"。化育是说，外部强制性规范要进入学生的头脑和心灵，并最终成为自觉人格，这就要求我们尽力与学生的心理和需求结合，一般情况下，要顺着学生的心理和需求来，不可逆着来。

我们"生产"出许多规范的"破坏者"、教师的"敌人"，看来是因为我们没有学会牵其一发而动其全身的功夫。因此，当我们看一个班级的行为规范时，也许我们应当更关注以下几点：

1. 关注教室的"气"。教室里没有"杀气"和"戾气"，而是充满愉悦和谐之"气"。

2. 关注学生的眼睛。不是木偶般呆滞，或如临大敌般的恐慌，而是呈现生动、积极、喜悦。

3. 关注教师的教。在与教师交谈中，我们可以清楚地感觉到教师"教"的手段，以及教师的心态，是否急躁与抱怨，是否出于良好的目的，是否在"养"，在"化"，在"人道"。

实现行为规范教育的专业化、复杂化，才是教育的本分。

64 保存天真

教育一直有个目的叫作"促进人的社会化"，想想也对，我们的孩子将来都是要走上社会的，必须在受教育期间教会他们适应社会生活，使他们从"自然人"变化为"社会人"。

可惜，我们在这方面似乎并没有多大作为，学生社会实践能力和适应能力不强已成为教育之痛。即使是大学生，毕业后走上社会，也会发现他们的所学不及所用，为胜任工作，很多东西他们往往不得不从头学起，而后他们哀叹，那么多年的书白读了！对大学生个体而言，书是不会白读的，因为毕竟拿到了文凭。在文凭社会里，那张证书是谋职的通行证。可对学校而言，"生产"了一批一批白读书的"产品"，在我们这个办大教育的发展中国家简直是一种浪费。

可我近来对所谓学校在"促进学生社会化方面没有作为"这句话表示怀疑了。因为教育过程中，我们其实做了不少抑制孩子童真、天性的事，从孩子读书的第一天起，我们在某些方面就让他们过早地"成人化"。

我们告诉他们，外面的世界里，竞争是多么激烈、残酷。因此，你们必须从小好好读书，在班级里就要和别人竞争。这样说着说着，就把整个班级社会化了，把小孩子成人化了。我们用成人的语言教训天真的孩子，用成人的思维去评价和估量孩子的行为以及他们行为的价值，一切童趣可能都不被欣赏。我们乐于用成人世俗的、实用的、功利的眼光来判断孩子的是与非，我们阻止他们出于天性的"美梦"

时是无情的。教师可以轻易地做到这一切，因为教师在课堂上乃至在课堂外都确立了自己的权威地位。

因此，学生并不向教师正常地表达自己对美好童年的依恋，而教师即使做了学生珍贵童年的"杀手"，也浑然不觉。

一切所谓科学的教育教学方法和手段都必须符合孩子的天性。当我们认真反思我们的教育教学时，就会发现我们做了太多出于主观愿望却违背客观规律的事，很多做法都在褫夺学生享受童年的权利！如果说，上述让学生迅速社会化、成人化的举动尚且可以理解的话，那么我们用一些连成人都不信的大话、假话、空话来误导孩子，那简直就是不可饶恕的。背负沉重书包的学生，过着比成人还要忙碌的生活的孩子们，承受比成人还要大的竞争压力的孩子们，似懂非懂地生活在乏味而现实的成人世界里的孩子们，过早失去童年的孩子们，却将童年的一切不满足带到了他们的青春期和青年期，于是，我们发现了"拒绝长大"的一代。

与其将来设法补偿，为什么不在应该享受童真的年龄里让他们好好享受呢？看来，我们太急于让孩子们实现社会化了，以至于当他们理应成为社会人时，他们还在做孩子。这是我们绕不过去的一个怪圈。我认为要摆脱这个怪圈得干两件事：

1.忘记刻意社会化。因为哪怕我们什么也不做，自然人也会"化"为社会人，阻碍人成为社会人的最大力量不是孩子，恰恰是成人。

2.反对成人化，尤其是虚假的成人化。我主张关门办学，关起门来让孩子们做梦，让教师成为学生的朋友，使用他们的语言，理解他们的思维，寻找适合他们的方法。别着急，过足童年瘾的孩子们都会渴望长大，而不是拒绝长大，他们比你更急切地盼望着。

也许，我们倒应该提倡，让教师回归儿童化！

65 让教育活动更富有理性

教育活动应该符合理性。什么是符合理性？简单地说就是你的手段和方法都要为目标服务，把不创造价值的部分减到最小。教师在进行教育活动时，必须静思以下三个问题：我为什么做？我怎样做？我怎样做才更好些？

比如说，我要提高学生的学业成绩，那怎样才能提高成绩？对有些教师来说，想要让学生学得又快又能在考试中取得好成绩，最好的办法就是直接练习：把知识技能教一遍，然后练习，反复练习，直到熟能生巧，形成条件反射。假如你教数学，今天讲一种解题思路，讲完后让学生做十道巩固练习题，第二天马上测验。但是，真实生活中的问题却不是这样子的。你遇到一个难题怎么解决？是不是就是你昨天学到的那个套路呢？恐怕不一定！所以，为什么老说学生能力不够强，是因为我们这种教法实际上是有问题的。因此，要寻找更好的教法。

更好的教法叫作混合练习。也就是让学生做练习时，最好都做混合的题型，学生不得不每做一道题都要判断一下该用哪个思路或套路，这样才更有效。混合练习为什么有效？那是有实验依据的：把学员分成两组，第一组是直接分块练习，也就是先教一个套路，然后猛练这个套路。第二组是混合练习，每次练习都是混着练，今天教的套路和今天练的套路很可能不一样。现在看看测试成绩。在每天进行的测验中，第一组的成绩总是比第二组好，这可以理解，因为他们考的就是他们刚才练的。但是在最后的结业考试中，却发生了大逆转，第二组远超第一组，因为用混合练习培养出来的学员能力更强。

什么是理性？比如，我的目的是提高学生成绩，要提高学习成绩当然要练习，可是怎么能练得更好？混合练习比单一练习更好。这就是理性。

再举个例子。为了提高学业成绩，我们应该当堂检测，为什么呢？通俗地说，记忆有两套系统共同起作用，一是储存系统，二是提取系统。如果光是储存却不提取，就容易遗忘。当堂检测的主要目的就是通过测验给学生提供提取所学知识的机会。为什么一定要当堂检测，是因为知识在储存一段时间后会被迅速遗忘，所以应在遗忘到来之前完成提取工作。

有没有更好的办法防止遗忘并提高成绩？一个办法是先测验后学。某个知识点在学之前就进行测验，也就是"先考后学"，这样学生就很容易犯错。犯错就能让学生对接下来的学习印象更深；印象越深，学生就越容易记住这个知识。什么是理性？理性就是为了提高学习成绩，你要尊重学习规律。直觉告诉你，学了以后当堂检测会有效果。但是科学告诉你，更好的做法是学之前就检测。然后，你照着科学的指引去做，这就是理性。

理性的教师，其行为应当是有目的的而非盲目的。为了避免盲目性，理性的教师还具备反思能力，他有足够的能力在教育行为、教育手段与教育目的之间建立逻辑关系，并将反思教育手段与目的的一致性作为一项日常功课。

富有理性的教师并不排斥对学生的爱，也不排斥与学生建立真挚的情感关系，他同时也可以是一名感情细腻丰富的教师，但他深知光有爱是不够的。

理性可能是更伟大的师爱。

66 要有赤子之心

　　真正的知识分子，他们身上最重要的品质莫过于"求真"。什么是求真？就是生产真知识，发现真知识，传播真知识。他们可以保持沉默，但一旦需要表达，他们的良知管束着他们，让他们只对真知识负责。为了捍卫真知，知识分子可以不畏权贵，不媚世俗，不谋功利，必要时甚至可以不惜生命。

　　可是，求真也许是世界上最难的事，因为有非常强大的力量在迫使知识分子放弃对真理和真知的追求，在强大的力量面前说真话，那是十分危险的。人类怕真理，比怕世界上任何什么事情都厉害，比怕死、怕灭亡还要厉害。

　　那些真正的知识分子，一定有坚硬的骨头和极大的勇气。而什么样的知识分子有最硬的骨头和最大的勇气呢？就是那些忘记了世俗的种种欲念的人，那些视权贵与功利如粪土的人。因而唯有那些真正的知识分子代表着人类良知。

　　要成为一个真正的知识分子，一个昂着高贵的头颅的知识分子，就要有一颗"赤子之心"。什么是"赤子"？"赤子"就是初生的婴儿。赤子在这里就是形容那些活得很单纯、很简单、很好奇、很幼稚，有时有点儿傻劲的人。作为知识分子，也许我们越是简单，就越是高贵，也就越有良知。

　　老子说："含德之厚，比于赤子。毒虫不螫，猛兽不据，攫鸟不搏。"在老子看来，"德"的最高象征就是赤子了。为什么会是这样

159

呢？他说，因为毒虫、猛兽、猛禽都不会去伤害一个赤子。

　　什么是知识分子的强大？不是说你用一种显而易见的力量、显而易见的权力去征服和反抗，而是你有了"毒虫不螫，猛兽不据，攫鸟不搏"的功夫，这个功夫就是远离私利，独善其身。

　　知识分子应该是可爱的一群人，因为带点儿傻气而可爱，像个孩子般透明。教师如果还算知识分子的话，那么我们现在的状态是不是太老成了呢？

67 反对无度

提起"无度"，人们的第一反应就是这是个贬义词。因为这个词常与"荒淫"之类的词相匹配。其实，"无度"之前哪怕放上一些美妙的词语，也不见得就能变成褒义。因为无度即走极端、毫无节制，任何事情上的无度都可能泯灭人性，或让事物性质发生变化从而走向美好的反面。在教育中，一切正确的理念或做法，哪怕再正确，也都不能"无度"。

考试是需要的，然而过频过重的考试可以泯灭人性；学生应该多鼓励，可老是鼓励，而对其不良行为不加抑制，则使教育走上其反面；行为规范非常重要，可一板一眼过分规范，甚至规范到可以数量化也不行，那会伤害人的自由；强调师生关系平等，可如果在教室里师生密切到彼此不分，密切到没有了距离，密切到毫无规矩可言，那师生关系的性质就会发生变化；学生创新性、探究性学习在当前看来极为重要，可因此而忽视基础知识的学习，学生连义务教育阶段基本的知识存量都没有，那真正的创新和探究便很难发生，即使发生了也不会彻底；素质教育以德育为核心，却不可以每门课、每时每刻都要渗透德育；学校以教学为中心，也不能不关心学生德行的成长。总而言之，教育不可失度或无度。

学校管理同样如此。学校各项规章制度有严肃性，是刚性的，切不可怠慢，但学校绝对不可以不讲人性和人情；学校倡导听音乐、读书是要提升整个学校的精神品位，增加学校的文化含量，可这并不意味着要大家放弃正常工作，老听音乐老看书；学校提倡合作，可并不是要简单否认个人价值的实现，教师间良性的竞争毕竟是存在的；我们鼓励教师积极从事教育科研，鼓励创新，也不是要让教师不扎实工作而去专心做科研人员；学校希望大家提高教育服务质量，最大限度地满足学生和家长的需求，尽力让"客户"满意，但并不是让大家放弃教育原则和教师作为"人"的基本原则；我们对有偿家教做了严格的规定，也绝不是让大家放弃对学生的个别辅导。

这个世界上最可怕的就是走极端，在学校教育这个问题上更不能走极端，因为教育以及对学校教育的管理是个复杂的、动态的过程，必须做好两个判断间的协调工作：一是价值判断，二是事实判断。比如，"为每个孩子创造美好未来"是一个价值判断，价值判断是说"我们应该怎么做""为什么这么做"。"我们应该怎么做"是一个教育理想，教育不可以没有理想，道理很简单，因为学校培养的是未来的人，我们在为未来工作，怎么可以失去理想呢？可是，如果我们认定了教育理想，过于执着地投入理想中，忘记了理想的实现必须具备的现实可能性，忘记了理想的作用更多地是在促使我们自励、自新，并且始终如一地指示我们前进的方向、给予我们前进中克服困难的勇气，那么我们就会陷入理想化的梦呓之中，成了做白日梦的痴儿。

事实判断可以揭示事物真相并帮助我们寻找解决具体问题的工具，事实判断告诉我们具体怎么做。比如，我们提出向企业学习管理理念和经验，形成一系列战略、策略和战术，这些都属于事实判断，都在告诉我们该怎么做。价值判断是基于我们的信仰，我们知道了我们应该怎么做，是形而上的学问；而事实判断则基于现实的可能性，我们知道了目前我们该做什么、该怎么操作，这是形而下的学问。这两个判断同等重要，前一个判断是宗教、哲学所管，是信仰问题，后一个判断是科学问题，两者共为一体，切不可只走一端。但是，不只走一端，并不是让我们取一种消极状态和静止状态；不只走一端是指我们要有度，不过分，在不同的时间、不同的场合确定不同的重点。这就如同驾驶车辆，依着地形，手中方向盘必须左右轻摇，即使车了走的是直道，方向盘亦不可只取正中不动，因为我们毕竟是在行进中，不是在原地站立。

教育犹如行车，一段时间内学生负担太重，我们不得不调整方向盘，一起来关心学生的身心健康和基本权利。时下的美国，可能因学生纪律涣散，学习基础太差，而关注起全国统一考试来。但这也绝不意味着美国的教育真不如我们，需要向我们学习。如果我们由此认定，连美国都加强基础了，我们就更应变本加厉地强化考试，如此我们也就太傻了！在各自不同的道路上行驶的车辆，是左还是右必须依着地势来，而不可盲目只走一端，这叫"有度"，也就是说，从事教育的人们要审时度势。

在日常教学和班级管理中，教师能否在动态中把握住这个"度"呢？我认为，能把握"度"的教师，一定具备了教师极为重要的一种能力，一种超越了"教育科学"的真正的能力。

也许，我们的教育思想和教育行为真如同那钟摆，永远没有一个静止的中点。

68 以每个学生的权利为本

"以学生为本"是一个很容易引起误读的句子。

扎扎实实地搞应试，我们可以说，这是以学生为本，这是为了学生。因为如果我们培养的学生无法面对考试，在这个学历社会中连生存都会遇到危机。那么这种教育是以学生为本的吗？

如果在教育活动中搞一些形式主义的、虚假的东西，也可以说，我们是不得已而为之。一旦学生认为这是虚假的，我们解释为为了帮助学生认识真实世界的阴暗面也无不妥。

我说不出目前学校教育中"不以学生为本"的例子来，我不知道这到底是语言问题还是教育问题了，但我宁愿相信这仅是一个语言问题，解决这个语言问题的方法是为"学生"加上限定词和中心词。

首先是加上限定词，即教育以"什么"学生为本？是一部分？全部？每一个？无须调查统计，我们的教育现状就是以一部分学生为本的，也就是一部分更适应现在的教育制度和教师个人价值取向的学生，他们得到了更好的教育服务。而另外一部分，或许是小部分人，他们被置于视野之外。你可以说，这是因为我们缺少为全部人提供优质教育服务的物质基础。不过，即使具备了足够的物质基础，我们恐怕还缺乏掌握足够技术、具备足够道德素养的教师队伍。因此，当前的教育无法为全部学生服务，是难以改变的事实。

不过，"全部"和"每一个"是有差异的。"全部"是个集合概念，强调的是人的普遍性；而"每一个"强调的是个体的特殊性。教育"以全部学生为本"和"以每一个学生为本"的根本区别在于，前者受制于物质条件和人力资源，将人抽象化之后，教育目标也抽象化了，因而可能永远无法实现。

而"每一个"则将千差万别的学生具体化了，具体化为每个学生有不同的个性需求。在他们人生的不同阶段，有不同的需要。学校和教师以每个学生为本，就是具体地感受每个学生需求的多样性，尽力以自己的教育服务满足他们的多样化需求，从而使他们每个人感受各自不同的愉悦。我认为这是可以触摸到的具体的目标，也是可以实现的目标。

第二，我们再为"学生"加个中心词，即以学生的"什么"为本。在讨论这个问题前，教育者必先在教育信仰上达成尽可能多的一致性，即教育是人道主义的事业。在这一点上，教育与其他行业本质地区别开来。因此，教育显然不是以学生的分数为本，因为如果分数成为目的，则学生将沦为工具。我认为，这个中心词可以设定为"权利"，即教育以每一个学生作为人的权利为本。这基于以下三个原因：

1. 体现了人道主义的核心思想：捍卫人的权利。

2. 权利是可界定的，权利关乎每一个具体的人，而不是部分或全部抽象的人。

3. 如果我们学会了尊重每个人的权利，我们也学会了教育。只有学生作为"公民""未成年人""受教育者""教育消费者"的权利受到了充分尊重，我们的教育才有可能成为平等的、自由的、科学的、富有人性关怀和人文精神的教育。

69 鼓励学生做自己

全国"两会"期间，每年都会有个别提案让人哭笑不得，比如，2020 年 5 月政协十三届全国委员会第三次会议第 4404 号（教育类 410 号）提案《关于防止男性青少年女性化的提案》。这个提案被广泛关注是因为很多人和这位政协委员一样，看不惯电视、电影里的"小鲜肉""娘炮"风行，担心"少年娘则国娘"。

有了提案，自然要答复。教育部的答复很完美，既科学又得体，就四条：1. 加强体育教师配备；2. 加强学校体育制度顶层设计；3. 深入开展健康教育；4. 加大相关问题的研究。

我读了教育部的回复，读出的中心意思是，男生和女生在生理上存在差异，身高、肌肉含量、爆发力、肺活量都有显著差异，但是这些差异没有体现出来，说明体育课不够多，质量不够高。但是，男女生在心理上本来就没有什么差异，所以咱研究研究再说。

其实不用再研究，答案也是明确的。科学家早就知道了，男女生在心理上没有什么差异。比如，男生数学更好？错。男生更容易激动，脾气更大，更会打人骂人？错。男生更有领导力？错。男女生在心理上没有什么区别，凭什么要求男生必须勇敢、坚强、大方，女生应该温柔、善良、有同情心？那不就是逼着男生女生违背本性吗？

违背本性有很多害处。不少心理学实验都测试过社会评价对男人故意表现出男子气的影响。性别气质受到质疑的男性会更多地对女性进行骚扰；失业的男性在性别特质受到质疑时，更多地向女性表现出暴力；赚钱没有妻子多的丈夫在性别特质受到质疑时，更不愿意做家务。这些就是你让男生一定要成为你想象中的男生的实实在在的危害了。

文明程度高的地方，社会更宽容，男女在心理上的表现也就更相似。学校是文明的高地，应该鼓励学生做自己，应该听教育部的。

最后，再跟女生们说说，当你们听到政协委员说男生千万不要像女人时，你难道没有听到他们对你们的歧视？如果有机会见到他们，你们应该当面质问他们。

70 尊重差异，发展差异

我们喜欢统一、一致的事物，对整齐划一情有独钟，这种审美观往往会导致专制和强制。

我的这条建议是反直觉的，我要告诉你的是，恰恰是因为多样性，才有我们这个精彩纷呈的世界。也许那些看上去"另类"和"离经叛道"的人是更值得去爱的。没有经过过分"筛选"，在中小学就读的学生差异很大，这很美好。

学生之间存在社会经济差异。一些学生家庭贫困，这些学生更可能感到无法控制自己的生活和前途命运，他们的学习往往会存在较大缺陷。还有一些孩子家庭富裕，父母受教育水平高。

学生之间存在心理发展差异。健康个性的一个关键因素就是自尊心。一些学生的自尊心特别强，因此需要教师保护；而那些丧失了羞耻感的学生，则更需要教师格外地呵护、帮助和唤醒。

学生之间存在学习风格差异。冲动型学生往往很难胜任需要分析和关注细节的学业任务；思考型学生由于在得出答案之前要考虑好几种可能性，因此更可能在学习上花很长时间，思来想去才下决定。因此，他们可能完不成全部任务，但已经完成的那部分可能几近完美。

学生之间存在思维模式差异。有些人善于独立、灵活地思考，他们想象力丰富，也更具创造力，他们能想出不同办法来完成任务和解决问题；还有些人习惯用传统、常规的方法思考，他们寻求单一的、有逻辑的回答。

学生之间存在学习能力的差异。霍华德·加德纳（Howard Gardner）把人的智能分为音乐智能、身体－动觉智能、逻辑－数学智能、语言智能、空间智能、人际智能、自我认知智能、博物学家智能等。学生们各有各的聪明之处。

学生之间存在人格差异。人格是个体各方面的特征、动机、情感反应和性格、价值观、信念的综合体。学生的焦虑、自我意识等都需要我们去了解和关注。

我们应该欣赏如此多样的生命。可是，你会感觉困扰，因为直觉告诉我们，教育对象差异大，教起来就更难。不见得给每个学生一套教学方案吧！

可是，了解这些差异，并不是要你一对一教学，而是要将差异充分运用好。因为存在差异，学生之间的互动学习会更好地促进个体的发展。所以，有效教学其实就是，要尊重学生的差异，充分利用他们的差异开展教学活动，最终目的还是发展每个学生的差异性。

好的教育一定是让学生个个不同，各美其美，美美与共的。

71 反对监视

监视者一般都可能拥有以下逻辑：

1. 学生一般都不会自觉遵守纪律，大多数学生不爱学习，即使一部分学生爱学习，其自控能力也不足以使他们时时遵守纪律，更何况个别"害群之马"会有意破坏纪律以引起外界注意。

2. 只有一种情况可以有效控制纪律，那就是教师始终在场。在教师的威严下，学生被迫遵守纪律。

3. 但是，教师不可能总在场，因此必须找到教师的"替代人"，使学生慑于"替代人"背后的教师威严，从而被迫遵守纪律。

4. 最常用的"替代人"是班干部。他们获得了教师的信任，在教师不在场时，他们代表教师控制班级纪律，并将破坏纪律者的名单汇报给教师。班干部的在场犹如教师在场，一些富有经验的班主任往往能发挥班干部在班级管理中的作用。

5. 但这还不能被称为监视。如果班级中大多数孩子都以为教师或教师的"替代人"不在场，而他们的一言一行却都可以被教师知晓，那么，教师此时为达到不在场而"知晓一切"这一目的，所用的方法和手段都可以被称为"监视"。在教师的工作计划上或工作汇报中，我们看不到的那些对控制纪律行之有效的方法手段，多数可列入"监视"的范畴。我们不得不说，监视是有效的。

但是，我又必须十分厌恶地说，监视是卑鄙的。从卑鄙的程度上说，较轻的一种是教师亲自监视，即无管理者在场时，在学生不知情时，突然悄悄或偷偷地在教室后门的小窗户上出现了教师的眼睛。这双眼睛洞察自然状态中每个学生的一切行为。可这双眼睛并不是为了捕捉学生的闪光点。当这双眼睛消失后，一定会有学生受到惩罚。这些学生是恐惧的，因为他们实在猜不透自己的违纪行为是怎么败露的。教师是不会说出自己的监视过程的，因为一切可以被预知的观察过程一定不是监视。

中度卑鄙的监视是运用现代化仪器，即每个教室后面墙上的探头。这使人想到监狱，探头在监狱中是必须的，因为罪犯正在用他们的自由来抵偿他们的罪行。可是，学生呢？探头的卑鄙就在于它剥夺了学生的自由，有时越是冠冕堂皇的理由就越显出这样做的卑鄙。卑鄙不同于罪恶，卑鄙者总会为卑鄙找到理由。科技手段是个双刃剑，这一点在探头身上显露无遗。学校各个角落装上探头，校园当然会变得更安全，可是如果用于监视师生行为，却可能走向反面。一些学校斥巨资引入设备，目的其实主要还是用于监视，对此我却不敢苟同。

最高程度的卑鄙是在班级中埋伏"小密探"。他们混杂在学生中间，无法辨别，他们搜集同学的"劣迹"，然后偷偷地汇报给教师。他们与摄像头一样都在充当教师那双神秘莫测的眼睛。

为什么这种手法最卑鄙，有三条理由：一是学生有办法使前两种方法失效，但却不能蒙上"密探"们的眼睛，所以这种卑鄙的监视最为恐怖；二是"密探"的眼睛不是教师自己的眼睛，"小密探"本身是孩子，他们用"情报"向教师邀功，往往带上了主观因素，容易使无辜者受不白之冤；三是做过"小密探"、打过小报告的孩子，其人格的堕落倾向简直无法阻止，他们可能习惯于靠诋毁别人来达到自己的目的，将来他们可能成为阴谋家，可能成为内心阴暗的小人。

对学校而言，纪律是保障。我们需要纪律，但如果我们不能光明正大地实施纪律，如果我们不能在纪律教育中培养学生的自觉、自律，那么，学校宁可不要纪律，也不应该要那些肮脏的监视。

学校不要各种颜色的"恐怖"，我反对监视。作为校长，作为一名管理者，对教师我也绝不监视。

72 成为学生的领导者

教师不仅是知识的传授者、学习的促进者，也是课堂的管理者。凡是教学效果好，受学生欢迎的好教师，一定具备领导者的特质。能赢得学生的爱戴和尊敬，他们自然而然地就能成为学生心目中的领袖、偶像和领导。

领导者和管理者的区别在于：管理者的工作在于控制学生的行为，而领导者能引导学生心灵与精神的提升；管理者一般使用外部强化手段来控制学生，领导者可以进入学生内心，使他们自觉追随，并潜移默化地影响他们。

教师要成为学生的领导者，其实是具有一定优势的，主要体现在知识和见识上，这里不再多说。我想，如果教师在以下三个方面再努把力，就更能征服学生的心。

第一，精神气质。

我有一种担心，担心学校里发生最可怕的一幕，那就是当我们教师已被学生看不起时，教师本人却还蒙在鼓里，自以为是。现在的学生见识比我们做学生时要多，他们的观念也比我们更超前，视野也远比我们开阔，而且他们对外部世界的感受力也比我们敏锐。现在要一群落伍的"老古董"们陪伴他们的青少年时期，并居然希望他们可以打心眼儿里崇敬我们，那简直是不可能的。

教师与学生的隔膜其实是很深的。我认为，教师要征服学生，并不一定要像学生一样那么时尚和前卫，因为我们可能无法赶上他们的步伐。教师用来征服学生的应该是极具吸引力的精神气质。这精神气质严格地讲是一个统一的整体，是密不可分的，如果一定要分的话，姑且可以将它分为真、善、美。我一直坚信，这个世界虽然总是处于变化或动荡之中，但这个世界也有永恒不变的东西，教育就是要给予学生这些永恒不变的东西，这是教育真正的使命。我认为，人类社会永恒不变的东西就是人类与生俱来的对真、善、美的追求。这个世界也许是荒谬的、无聊的，正是人类赋予世界以意义，人从这无意义的世界发现了真、善、美，也发现了人自身的意义。

人为什么能做到这一点？那是因为人的精神蕴含真、善、美的因子。人在与这个世界交往的过程中将自身的影子投射到了这个世界。因此，人是那么自然而然地服从真理，崇尚美德，被美好的事物打动。教师如果将更多真、善、美的特质在学生面前展现出来，就一定能够成为学生的偶像。我希望教师作为学生面前的"公众人物"，应十分重视自己的形象，应通过不断学习来加强自身修养，以更完美的精神气质来感染学生，征服学生，能成为学生真、善、美的标杆。

第二，教师的人格。

教师不但应该具备专业权威，而且在人格上也须具备某种程度的感召力量，如此才能赢得学生的信赖。人格是一个多因素的复合体，表现在对人、对事、对己等各个方面。诸如教师的组织能力、语言表达能力、行为上的果敢、作风上的刚毅，等等，这些因素对教师权力的影响力起着或增强或削弱的作用。另外，年龄因素也是教师权力影响力的一个因素。师生之间年龄上的差距，使师生之间至少存在长幼之分，从而使教师在师生互动过程中存在相应的心理优势。这种优势对教师权力的发挥起着积极作用。

第三，人性化倾向。

学生喜爱人性化的教师。什么是人性化？人性化就是人的行为都符合人的特性。非人性化有以下几种情况：一是神化，就是把自己扮成无所不能、十全十美的神，而且高高在上不容侵犯；二是机械化或军事化，就是习惯于什么都统一规定，统一要求，忽视了生物的多样性，将教育当成知识的简单叠加，忽视了人自身固有的组织结构，最终将学生当成读书机器或容器，当成考试机器，忽视了他作为灵魂实体和精神实体的特性，在教学中只关心分数，却不和学生进行生命的对话和交流，使课堂变得冰冷而机械，毫无生气。

人性化的教师是温暖的，人性化的教师是灵动的，人性化的教师是有魅力的，这魅力来自教师的个性。有个性的教师就不再是平庸的教师，因此更能吸引学生的眼球，也就更能领导学生，成为学生的朋友和导师。对教师来说，有一两手绝活是必须的，因为那能增加你的魅力。

教师的领导力其实表现在给学生做示范。管理大师威廉·爱德华兹·戴明（W. Edwards Deming）认为，我们如果不改变通行的教育系统，就永远改变不了通行的管理系统。它们是同一个系统。戴明的意思很清楚，是教育系统把人培养出来，然后输送到管理系统中的。教师的领导力直接影响学生未来领导力的发展。

73 防止权力泛化

任何一种权力如果没有得到很好的监控，就都有可能泛化或引发腐败。这是为什么呢？按照马克斯·韦伯（Max Weber）的经典论断，所谓权力，就是处在社会关系中的某一行为者不顾反对意见而强行去执行自己的意愿的能力。掌握权力可以获得好处，因此争夺权力的戏码不仅在历史中，乃至在生活中都在不断上演。这就引出一个命题：教师权力也是需要监控的，否则也会伤害学生的合法权益，甚至会伤及学生一生的幸福。

可是，对教师权力进行监控还是有些困难的，一方面因为教师权力的对象是学生，学生主张自己权利的能力不足；另一方面，教师权力的资源十分丰厚。

为什么说教师权力资源很丰厚？

首先，教师身份特殊。教师拥有比学生更多的知识，而知识就是权力。为了将"正确"的知识传递给学生，为了顺利完成这一任务，教师总是趋向于限制学生的自由，同时社会也倾向于赋予教师对学生的支配权。在我国，由于缺乏人文启蒙，社会期待教师在处理师生关系时，把家庭中的父子关系作为参照框架（所谓"师徒如父子"），要求教师对学生严加管束，而学生必须对教师绝对服从。这种传统的教学观念和师生关系模式对师生的影响是根深蒂固的。

不仅如此，为了使孩子通过教育实现阶层跃迁的目的，有些学生家长不惜把自己的权力转交于教师，从而强化了教师"管束"学生的意识。

其次，行使权力的方式加固了教师的权力。

教师行使其权力的方式不外乎积极和消极两种。就积极的方式而言，教师最惯用的方式即是认同、表扬和夸奖。教师的表扬，与家长以至学生的其他同辈或长辈相比，也许更具诱惑力。因为一般来讲，教师所表扬的学生是多数中的一个或有限的几个，而不是少数中的一个或几个，这使班级中的竞争行为愈演愈烈。这种竞争性氛围增强了教师表扬的魅力，同时也会强化教师行使表扬权力的动机，巩固和加强了教师的权力。

相比于表扬等积极的方式，据观察，教师以消极的方式行使其权力的概率更高。消极方式包括小到语言节奏上的变化、表情上的示意，大到明确的批评、谩骂和体罚。而行使权力的消极方式比积极方式在加固教师权力方面的功效更为显著。

第三，教学策略的使用。教师采用何种教学策略，是构成权力影响力的主要因素。在课堂中，直接教学的策略大行其道，因为实行直接教学的课堂，教师更容易掌控。这导致间接教学策略在课堂上很少被运用，因而喊了很多年自主、合作和探究，但是学生的主体性活动却还是严重不足。

社会所重视的是教育的控制功能。整个教学过程中，大家更重视教师的教，而忽视学生的学；重视知识的传递，而忽视学生学习过程中的非智力因素等。课堂上，教师期望的是学生按教案设想做出回答，教师的任务就是努力引导学生，直至得出预定的答案。学生在教学中实际上扮演着配合教师完成教案的角色。

如此看来，说教师处于侵权的危险之中，实在不是危言耸听。这就需要教师自觉地监控自己的权力，以防止权力轻易地泛化，直到伤害了学生还未知觉。

74 重新认识师生关系

说起师生关系，总少不了温情脉脉的爱与被爱，但这只是看待师生关系的一个维度。除了情感关系和道德关系，法律关系也是一个重要的视角，而且情感和道德关系遇到了时代危机，有可能为确立师生的法律关系腾出更大的空间。

在社会转型期，人们原已熟悉、习惯了的生活方式发生了很大变化，存在与观念、生活与信仰、曾有的交往方式与现有的交往方式激烈碰撞，使人们陷入迷惘、痛苦、焦虑之中。而要达到一种新的平衡态，光靠过去的情感关系、道德关系、心理关系等来调整已经十分困难了。也许我们不得不更依赖于法律的强制力，将师生关系纳入（而且主要纳入）法律视野中去认识、思考和行动，并希望以此为依据建立符合法律关系的"平等"与"公正"，这是当前转型期的新型师生关系建立过程中至关重要的选择。

在分析师生法律关系时，必须明确的是，教师和学生都是具有两重身份的人。一方面，教师和学生都是中国公民。另一方面，由于身份的特殊性，教师作为普通公民外，还是具有特殊身份的教师；学生作为普通公民外，还是具有特殊身份的学生。作为公民，教师和学生都享有宪法、一般法律规定的一般公民所享有的权利，同时又必须履行一般公民应尽的义务。作为具有特殊身份的教师又享有《中华人民共和国教育法》（以下简称《教育法》）所规定的特有权利，必须履行《教育法》所规定的特定义务；学生也是如此，学生享有《教育法》规定的特有权利，同时又必须履行《教育法》规定的特定义务。

作为公民，无论教师还是学生，在宪法层面上，在由宪法规定和调整的师生法律关系中，法律地位是平等的。教师不得侵犯、妨碍学生享有的宪法规定的基本权利，不得妨碍学生履行宪法规定的基本义务；学生同样也不得侵犯、妨碍教师享有的宪法规定的基本权利，不得妨碍教师履行宪法规定的基本义务。师生间的关系也即公民间的关系，由宪法规定或调整，因教师和学生都是中华人民共和国公民这一法律事实，而形成宪法法律关系。明确了这一点，教师和学生就会尊重对方作为公民所享有的基本权利，就不会侵犯对方所享有的基本权利。有的教师不明白这一点，就时有侵犯学生作为公民所享有的基本权利的违法行为发生，如擅自关押、非法拘禁学生，擅自搜查学生身体等。

在民法的层面上，教师和学生都是平等的民事主体，教师和学生都享有民法规定的民事权利，同时必须履行民法规定的民事义务。在由民法调整产生的师生法律关系中，教师不得侵犯学生的财产权、人身权（姓名权、名誉权、生命权、健康权、荣誉权、肖像权、隐私权等）、知识产权等民事权利，教师一旦侵犯了学生作为民事主体的这些民事权利，必须依法承担民事责任。同样地，学生也不得侵犯教师的财产权、人身权、知识产权等民事权利，学生一旦侵犯了教师作为民事主体的这些民事权利，学生或其监护人必须依法承担民事责任。师生间的关系由民法确认或调整，因教师和学生都是公民，都是平等的民事主体，从而形成教师和学生之间作为平等民事主体的民事法律关系。

除了宪法和民法，师生间的法律关系还由《教育法》来调整。《教育法》是由国家制定或认可并由国家强制力保证实施的调整教育活动中各种社会关系的行为规范的总和。师生间的教学活动是教育活动，师生在教学活动中形成教育关系，因此，师生间的教学活动、师生间的教育关系是由《教育法》加以确认或调整的。

也许我以上的这些论述都不如那些用情感、道德或者心理的语言来得动听，法律的视角和语言表述总是冰冷的，但是，法律关系又是师生关系确立的重要依据，它不承诺关系变得更好，但它可以让关系不至于变得太糟糕。

75 要理解学生的苦衷

　　教育改革方案一个个出台，可好像改来改去，却难以让人满意。以给学生减负为例吧，我看各方的苦衷就不少。

　　平日里，教师叹的苦经最多。学生难教是最大的苦衷，教师总有一种学生"一代不如一代"的感觉。每次考试，与其说是考学生，还不如说是考教师，教师担心学生考不好，会砸了自己的饭碗。教师的工作量越来越大，工作目标越来越高，工作时间越来越长，工作节奏越来越快，真有身心疲惫之感。

　　在人人都有苦衷的情况下，学生的苦衷却容易被忽视，其实他们才是沉默的大多数。现在的学生比我们做学生的时候，虽然吃喝不愁，却苦多了，我甚至庆幸生得早。你看现在的孩子，家长把所有希望压在他瘦小的肩膀上，这沉重的希望挤占了他几乎所有的自由时间与空间。学校要提高升学率，希望也在学生身上，教师在瓜分学生的课间、午餐、放学后的时间。早上七点至下午六点延时服务结束，整整十一个小时。十几亩土地上，两千多生灵，就被限制在了方寸之间。学生想玩却不能，想做白日梦也不行……他们是孩子呀！

　　进入青春期，学生的苦恼更多了，却没有成人可以当他们的知心朋友，像个大哥哥或大姐姐，在需要的时候能帮帮他们。他们经常遇到失败或挫折，有时很迷茫，有时有些发狂，可有多少人能体谅他们呢？即使能体谅，在平时，我们又有多少人愿意去体谅呢？当我们做教师的自己都在苦恼的时候，我们的内心到底有多少角落真正能安置学生呢？

体谅不体谅学生的苦衷，是一个讲不讲人道的问题，是一个教师职业道德的问题，同时也是一个教育观念的问题，也可以是一个教育方法的问题。实际上，只要你的共情能力还在，就会主动地体谅学生。

共情是一个过程，共情意味着进入他人的内心世界，对他人正在体验的感受以及内心的变化保持敏感。共情几乎是人生来就具有的本领。育婴室里一个孩子哭，其他孩子也会马上哭，实际他们并没有同时感受到不舒适，只是因为第一个孩子不安的情绪感染了大家。脑科学研究发现，不论你看到别人厌恶的表情还是自己遇到厌恶的事情，都会导致在左侧前脑岛、右侧前扣带皮层有高度的神经兴奋。共情在动物身上也有，猩猩、鸽子、大鼠都有证据。不过，有些人因为杏仁核不发达，他们会对别人疼痛、厌恶的表情识别困难。教师的杏仁核一定要发达才好。

理解学生的苦衷并不难，只要回到人性本能上来就行。

76 为学生当下的人生幸福服务

教育直接造福学生，间接造福社会，这应该没有什么争议吧。教育的本来意义并不是培养建设者、科学家、企业家或是别的什么身份的人，衡量教育搞得好不好，应该首先看有没有造福学生。而说到造福学生，不仅要造福他们未来的人生，更要为他们当下的、此刻的人生幸福服务。

为什么要为学生当下的、此刻的人生幸福服务，有两个原因：

一是因为，人其实没有看不见、摸不着的明天的幸福。我们搞教育的，没有理由也没有权力为了看不见的所谓未来的幸福而剥夺学生童年和少年时期的幸福。今天的幸福并不是明天幸福的抵押品，明天的幸福也不需要用今天的幸福作代价，不存在一个"幸福银行"，要学生为明天的"利息"而在今天"投资"。什么是人生？人生就是由童年、少年、青年、中年、老年那一个个阶段组成的，童年和少年是人生的重要部分，任何一个阶段的缺憾都是一生的缺憾。

二是因为，未来的幸福其实是由今天的幸福堆积起来的。许多人伴随一生的不幸福是源于他童年的不幸与受到的伤害，或者是因为童年里他追求幸福的权利与需要没有受到周围成人足够的尊重。所以，我认为，我们搞教育的必须思考清楚，教育到底是为了什么。是为了人生，而且首先是为当下、此刻的人生。

那接着要问：学生此刻的幸福在哪里？答案是"在愉悦的体验中"。怎么才能给学生愉悦的体验呢？我看主要应在三个层面上努力。

第一个层面是"美感"体验。在美的事物面前，人的身体会自动发生反应，愉悦感油然而生。什么是美？宽泛地说，美就是一切让人愉悦的事物。美有没有标准呢？按照哲学家阿奎那的观点，美的标准主要就是"完整""比例和谐""清晰"。如果你同意，那么你的课堂要完整、比例和谐、清晰，你对学生教育时的话语要完整、比例和谐、清晰，你组织的活动也要完整、比例和谐、清晰。

第二个层面是"心流"体验。心流就是那种专注于某事，特别投入以至于忘我的那种状态。为让学生产生心流体验，你要创设挑战性的任务，让他们在挑战中获得"困难"的成功。心流体验显然要比美感体验在更高的层面上使学生获得愉悦，因为心流其实就是自我实现后的高峰体验，也就是人的需求得到满足后一种近乎极乐的体验。

第三个层面是"意义感"。所谓意义感就是，人把自己与超越自我的更伟大的事物相关联的时候产生的愉悦感。当然，这个话有点儿大。意义感不能强加，你不能跟学生说"解放全人类就是最大的意义"，然后要求他们也去追求。因为意义感是自主寻找的结果。

总之，西方空头政治家可能会承诺民众未来的幸福，给人民开出一张张空头支票，而教育家应该关注学生当下的幸福。

77 不扮演圣人和神仙

什么是好教师呢？

好人是不是就是好教师？过去人们认为好教师就是一个好人，他是合乎社会理想的人中楷模。人们评价教师首先看他人品怎么样，然后才看他课堂上的表现，是因为人们希望教师是学生的榜样。我们将那么多荣誉称号给了"带病工作""无私奉献"的好人，就是这种思维的产物。但是，"要做个好人"是对每个人的要求，"好人"并不是好教师的本质特征。

能力强的教师是不是好教师？教师的许多心理特征，如人格、态度、经验、能力倾向和成就等都曾被用来衡量教师。但是具备这些特征的教师是否一定会取得好的工作业绩？我看未必。有一些漂亮的公开课充分展示了教师的能力或才华，但除了证明该教师的能力或才华，还能证明什么呢？

用社会理想（好人）或者用教师心理特征（能力强）作为标准衡量好教师，并没有抓住教师专业的本质。回到教师本来的意义上，教师是"专业技术人员"，因此"有效教师"才是真正的好教师。

一个有效教师其个人品性方面是不会有什么问题的，虽然他可能并不带病工作或无私奉献；一个有效教师一定是有能力的，虽然他可能并不具备一流才艺。也许只有一小部分教师可以成为全社会的道德楷模，而对学校来说，完全有可能要求更多或全体教师都成为有效教师。

什么是有效教师？"有效教学"理论注明了有效教师的五种关键行为。

1. 清晰授课，是指教师向全班清晰呈现内容。有效教师能使要点易于被学生理解，能清晰地解释概念，使学生能按逻辑的顺序逐步理解，他的口齿清楚不含糊，没有分散学生注意力的特殊习惯。而"欠有效"教师则语言含糊，有歧义或不明确，或者使用复杂的句子，或者给学生的指导常常让学生不能理解，需要反复说明。不是所有教师都能清晰而直接地与学生交流，有些教师常常跑题，他们讲的话或者超出学生的理解水平，或者被讲话方式削弱了内容呈现的清晰度。如果能很清晰地教学，呈现材料就可以少花时间，而且学生第一次就可以正确地回答你的问题的话，你也就有更多的时间可用于教学。

2. 多样化教学，是指多样地或灵活地呈现上课内容。提问题是非常有效的方法。教师可以提各种各样、不同类型的问题。如果把它们同课时节奏与序列结合起来，就可以产生富有意义的多样化教学。因此，教师需要掌握提问艺术。

多样化教学的另一明显有效的方法，是对学习材料、设备、展示方式以及教室空间等的运用。教室里的物质的质地、多样的视觉效果都与学生的注意力相关，并能增加教学的多样性。学生注意力水平越高，教学有效性就越高。看来，能吸引学生的注意力是有效教师的重要特点。

3. 任务导向，是指把课堂时间更多地用于教学。教师用于教学的时间越多，学生学习的机会就越多。在课前课后，教师都应自问：我讲课、提问用了多少时间？鼓励学生自学或独立思考用了多少时间？组织教学并使学生做好学习准备用了多少时间？评估学生行为用了多少时间？如果教师把大部分时间用于教授切题的内容，而不是先把时间用在那些只是有可能需要的过程和材料上，再让学生获得教学内容，那么，学生在他的课堂上就能取得更高的成就。如果课堂上师生的互动集中于思维内容，使学生获得学习机会，那么这个课堂上的学生成功率可能就更高。

4. 引导学生投入学习过程，增加学生学习时间。学生实际投入学习的时间，与教授某个知识点的时间不同。教师的教根本上是用于学生的学，如果在上课的时候居然有四分之一的学生在走神，那么课堂的有效性便打了折扣。

5. 确保学生成功率，是指学生理解任务准确完成练习的比率。学生理解任务，只是偶尔因粗心而犯错，那么学生成功率就高；学生不完全理解任务，会犯一些实质性的错误，那么成功率就中等；而如果学生根本不理解任务，更谈不上完成任务，那么这就是一堂低效乃至无效的课。教师的任务导向（教学时间）和学生的投入率，与学生成功率密切相关。高成功率的教学，有利于提高学生的自尊心，增强学生对学科内容和学习的积极态度，这应是有效教师最大的追求。组织和安排能产生中高水平成功率的教学，是有效教师的标志性特征。

不必刻意去做好人，也不必让自己才华横溢，一个专业的教师必须是有效的。

78 莫将信仰工具化

信仰并不是宗教独有的。理想是信仰，哲学是信仰，主义也是信仰。人不能没有信仰，因为信仰是人的精神世界的主要元素，而且在人的精神领域中占统领地位。

信仰是怎么形成的呢？信仰的形成是长期教化的结果。尤其是仪式化活动，在信仰形成的过程中起着极为重要的作用。无论是宗教信仰还是政治信仰，很大程度上都是个体在仪式化活动中耳濡目染形成的。说到底，信仰是经由深刻的生命体验而获得的，所以信仰被很多人认为是"无条件的相信"。

信仰是发自人内心的信念与理想，信仰的形成依赖于内在体验，而不是外在条件。因此，人一旦有了信仰，是很难改变的。

在教育活动中，要帮助学生形成信仰，就要注重体验，要着力于设计更多更好的仪式化活动，使学生的灵魂受到深层次的触动。帮助学生形成信仰，不应诉诸理性或简单灌输。

学校教育中，很要不得的是将信仰教育功利化，甚至把信仰作为一种工具。这不仅有可能污染学生的精神世界，而且还会伤害信仰本身。我这么说是有根据的。有少数干部、教师眼里只有学生的分数，提高学生的考试成绩似乎是他们教育的唯一目的。他们平时不注重理想和信念的教育，却抓住学生想入团、入党的需求，一个劲儿地想办法把这种需求转化为提高学习成绩的动力，这就把崇高的信仰降格为工具了。

这里我要顺便对学校行政权力的问题多说两句。

说起来，学校更像一个全能的行政组织，以校长为代表的行政权力不仅拥有"立法权"（建立规章制度的权力），而且还有"执法权"（宣布行政处分的权力）和"行政监督权"。行政权力被运用在学校管理中，这是必需的。这种权力本质上是一种强制力。这种力量作用于师生，以保证学校最基本的秩序，为教育教学活动创造安全而有序的环境，这是行政权力好的一面。但是，如果行政权力作为教育手段被运用在教育教学的过程中，这是有疑问的，尤其在对学校行政权力的约束还有所欠缺的情况下。

有人说，信仰犹如照耀人生之路的明灯，有了这盏明灯，就不会偏离正确的人生方向。人不能没有信仰，没有信仰就有如在黑暗中行走，时刻都有碰壁的危险。

信仰是需要教育的，而信仰一定是不能工具化的。

79 永不放弃

做教师的常常感叹：现在的学生越来越难教。

首先，好多学生不爱学习。我们对此倒也能理解，现在诱惑学生分心的东西可真多呀！这个世界变化快，学生除了学习之外，还被动漫、游戏、流行音乐浸润。在这些方面，他们处处可做得老师的老师。只是我们认为他们分心去玩的东西实在是无意义的，这些东西能用来"考学"？

在一些老师的潜意识里，学生其实不是学生，而是"考生"。在我们的常识里，传统的学科、经典的知识才有价值，其他都不足挂齿。时尚的、大众的文化不是文化，都是影响学生学习的害虫。

因为存在知识偏见，我们漠视了学生其实并未停止学习的状态；也因为偏见，我们无视学生不够"经典"的学习方式。"悬梁刺股"式的苦读是经典的，而头戴耳机、怡然自得的悠闲是绝入不了我们法眼的。学生一代不如一代地不爱学习，是我们做教师的心中越来越大的痛。

第二，现在的学生不服管。我们对此却不太理解，学生现在连教师的一片好心、一片真情都不能领受了，他们怎么那么不听话！一遍又一遍，苦口婆心，语重心长，可他们根本听不进去，即使表面上听进去了，实际上却"阳奉阴违"，屡教不改，弄得教师都有点儿"黔驴技穷"了。自从有了《中华人民共和国未成年人保护法》以后，教师的手段更少了 —— 打不得，骂不得，有时连批评也批评不得。现在的孩子在家里被宠惯了，轻不得，重不得，弄不好要死要活的，真是难办得很了。一般，学生犯犯小错倒也算了，可那些"害群之马"把班级搅个天翻地覆，鸡飞狗跳，教师在一旁也只能"怒从心头起"，束手无策，"敢怒而不敢言"。

有老师提出了一个前所未有的教育新命题："今天，在学校里到底谁是弱势群体？"

有许多教育理论、方法被灌输给教师。学生不爱学习？那就要调动学生的非智力因素呀！特别是培养他们的学习兴趣，兴趣是学生最好的教师。培养学生学习兴趣的理论文章或经验方法介绍可谓铺天盖地，教师得去学啊！学生不服管？课堂管理的书要多少有多少，征服学生的洋办法、土办法也是一套又一套的，应有尽有，干吗不去学习研究反思呢？

可是，听了校长一次又一次讲话、教育、启发、引导、要求，又听了专家、教授、名师一堂又一堂深入浅出的理论课或经验介绍，读过那么多理论书和文章，每次听完颇觉其理足以服人，其情足以动人，可一旦回到课堂，面对那帮不爱读书、不服管束的学生，教师依然一筹莫展，苦无良策。终于他们对领导、专家、教授、名师的谆谆教诲开始心生怀疑，而后心里犯起了嘀咕：别听他们嘴上说得好听，看人挑担不吃力，不信我跟他们换个位置，如此我也会滔滔不绝、口若悬河，而他们却未必比我做得好呢！这就如老犯错误的学生，在老师面前一站，要么不开口，一开口分析起自己的错误来，讲起大道理来，也绝不会比老师差多少。

眼高手低确乎是学校教育之通病。偏偏就有那么些学生不爱学习，不服管教，虽然占比可能只有20%吧，却消耗了教师80%的精力和体力。教师回顾自己一生的教学生涯，肯定会有许多喜悦的亮色，毕竟一届又一届毕业生中总有些出挑的，能替自己争气，为自己的工作履历添上亮色。可是，催人老去的绝不是这几抹亮色，更多的也许是灰色的、沉重的基调，特别是在普通学校、薄弱学校里，我们花了80％的精力与20％的"差生"斗智斗勇，不仅和他们周旋，往往还得与他们的家长斗智斗勇，甚至那些不争气的家长比不争气的学生还要不争气得多！我们简直怀疑，那些人怎么配"为人父母"呢？我们不得不出于责任和怜悯教育孩子时，可以哀其不幸，怒其不争；可一旦面对他们的家长，这些家长只管忙着搓麻将啊、游手好闲啊、粗暴野蛮啊……这时，我们可能连一丝替他们悲哀的念头都没有了。

转而要为自己悲哀了，一怪自己投错了胎，怎么就入了这一行，每天见着这些"死不改悔"的"小祖宗"；二怪命运不公，接的班级里怎么"差生"就这么一茬又一茬的，"野火烧不尽，春风吹又生"。

托尔斯泰的《安娜·卡列尼娜》的第一句话是："幸福的家庭家家相似，不幸的家庭各个不同。"把这句话换一下就是，优秀的学生是相似的，"差生"却各有各的"差法"。那些好学生，你不用对他们吆五喝六，他们总是乖乖地两耳不闻窗外事，一心只读圣贤书；而那一个个千差万别、生龙活虎的"差生"，也许只有神仙教得，人是教不得了。教师是普通人呀，也许当初就是想做个普通人才入了这一行的。

我在想，面对职业生涯中的种种困境，几乎每个教师都会设法去解决，都会向同事讨教、向他人的理论和经验讨教。虽然都知道教育不是万能的，可总会抱着希望去努力解决。随着经验增长，教师们确实可以解决一些问题，不过，挫败感总是如影随形，几乎每天都在为自己添上新的伤痛，有一种绵绵不绝、挥之不去的焦虑。

写到这里，忽然想起一件我永远无法忘记的事。那是二十多年前，在学校里，一名学生突发心脏病，虽在第一时间及时发现并送到医院，无奈已回天无力。医生在家长、教师面前，用尽一切方法抢救了近半个小时，所有人都屏住呼吸，期待奇迹发生，但奇迹终于没有发生。那一刻我感觉人的生命居然如此脆弱，同时也感觉人的精神是如此伟大：参与抢救的医生，那专注的神情表示他们愿意从死神手中夺回那条不久前还鲜活的生命；一旁的成年人，孩子的父母、教师在这样的时刻，一定在向上苍祈祷，甚至愿意用自己的生命去替换！我被感动了，是因为那时的病房里闪耀着人道主义的光芒，如此圣洁而瑰丽。

使学校不是医院又似医院的是，照亮学校的将永远不是升学率或者其他名利的东西，而是圣洁、瑰丽的人道精神，是一种对儿童的博大的爱，以及对每个孩子作为无辜生命的深深悲悯。怀着爱与悲悯，我们愿像医生那样，不放弃，绝不放弃。让我们专注的神情告诉所有人，我们没有放弃。让我们专注的神情成为学校时时可以看到的最美丽的一种表情。

当然，我们不能将"不争气"的学生与垂危的病人相提并论，因为学生正是通过犯各种各样的错误来学习的；我们永远都不必绝望，因为只要我们充满期待，他们或许就很有希望。

如果我们总是那样充满积极的期待，学生现在或许不会领情，可将来，只要他们有良知，他们就会感激。他们不仅感激，还会把我们的期待作为一种精神的火种，传递下去。

教育从来不是一时一刻见成效的简单劳动，虽然我们可能根本看不到现在的不放弃对学生的未来会产生什么影响，但是我们不必悲哀和气馁，因为我们在做着天底下"最傻"又最可爱的事，这就足以让我们夸耀一生了。

学校，一所真正的学校，里面的教师会用最朴实的行动，在这个崇尚技术、功利的时代，虔诚地传播亘古不变的人道精神。这种精神不仅照亮学校，而且照亮学生的未来。

80 再多带点儿东西进课堂

出于职业需要和基本礼仪，我们都不得不忍受一些难以忍受的人和事。我们经常要忍受学生的"不争气"，忍受家长的横挑鼻子竖挑眼，忍受领导乏味而冗长的训话，忍受办公室同事的唠唠叨叨、喋喋不休、啰啰唆唆……没办法，忍着点儿吧，好在咱中国人从来就不缺少忍耐的美德。

作为校长，听课、评课是我的日常工作。但说实话，听一些教师的课，却感觉备受煎熬，实在不愿意再听下去，坐在教室里常常走神，又担心自己睡着，硬撑着假装专注。其实，在听一些无聊的课时，我的心中是焦急万分的：办公室里一大堆文件、票据等着处理，那么多人等着面谈，而我却在这里枯坐着，让生命一点点耗去。实在心有不甘。同时，对无辜的学生，我在心中生出万分同情，他们每天在课堂里备受煎熬，却无处可逃。

我不否认，学校绝大多数教师课前是精心备过课的，教学中的各环节也很合理，重点难点也抓得准，知识讲解方面无懈可击。但有些课怎么就那么"味同嚼蜡"，它们缺点儿什么呢？为什么这样的课毫无吸引力？

和太太一起逛街买衣服，商铺里塑料模特身上穿着的一件夏衣吸引了她的眼光。式样不错，质料也好，可最终她犹豫了。正举棋不定，从试衣间走出一位女士，她正试穿着这件上衣，典雅又不失热烈，与夏天的风韵不谋而合呢！我为之心中一动，怂恿太太买下了这件衣服。

出了店门，我心中琢磨：同一件衣服，为什么在模特身上不那么令我心仪，换了一个鲜活的人穿上却别有韵致？原来，模特不缺容貌和身材，从这点上说，模特是无可挑剔的，但你不会对模特印象深刻，因为它们有人的"形"，却无人的"神"。

一堂课，看似什么都已齐备，却可能依然乏味无聊，这是为什么？因为这堂课没有"精、气、神"。什么是精、气、神？这是用科学无法确切定义也无法复制的东西。这种东西弥漫在课堂中，能将所有人的心紧紧地抓在一起，令人无力挣脱，只有驯服，直到下课尚意犹未尽。古人所云"得意忘形"，洋人所谓"场"或"气氛"，我以为非"精、气、神"莫属了。而一名好教师，自踏入课堂的那一刻起，带到学生面前的不仅是知识，也不仅是课堂的组织程序，同时还有精神气质。教师的一举手一投足，每一个亮相，每一个细微的神态，每一句话语，其背后的神妙的东西，都是那么重要，以至于决定了一堂课的吸引力。

教师带给课堂的"精、气、神"，说起来玄妙，其实也未必。如果日常练好两个功夫，则经年必成。

一是每堂课不仅带着智力、体力去，还得带着心去，尽力忘我，忘了"我"的躯壳，忘了"我"的身份，忘了年龄，忘了功与利，"思无邪"，你的心就是那么真切地坦荡在学生面前。去了尘埃的一颗心啊，将是那么富有魅力，它使你的语言、举止都超凡脱俗起来。凡是忘我的、超脱凡俗的，都会产生力量，由不得学生不随你遨游天外。

二是平日里多学习与体悟。学习与体悟如果是自觉的、超功利的行为，那么它们就会成为你人生修养的法门，你会感觉非常通畅：学问的通达与为人的练达。你会非常厚实，在你身上个性化地聚集了真、善、美，如此你便"神形兼备"，浑身闪耀出魅人的光彩来。

[下篇]

学校

81 赞美他人又何难

如今难得听到学校管理者赞美教师，因为管理者和教师之间似乎就是猫和老鼠的关系。管理者就是"查毛病"的人，越是严格要求的管理者，就越得查毛病。查出毛病自然就得批评人，哪里还有什么赞美？

管理者如果老赞美教师，他也许会有些顾虑，而且顾虑可能还真不少。

1. 教师受了赞美会不会忘乎所以，飘飘然忘了自己是谁了？尤其是年轻教师更是轻易赞美不得，他们才工作几年？赞美多了容易翘尾巴，妨碍他们进步。

2. 被赞美的教师可能心里挺高兴的，而那些没被赞美的教师或许会有想法：是不是领导对他们格外宠爱？会不会他们与领导关系特殊？这次没有赞美我是不是对我有看法？

3. 可能被赞美的人也并不痛快，因为领导赞美完了，他还得面对同事异样的眼神，所以索性恳求领导千万别赞美我，让我平平安安、平平凡凡着吧！

不过管理者偶尔也会打破常规，赞美一下教师，因为赞美毕竟也是一种有效的管理手段，只是因为不讨好而不常用。

那有没有普通教师赞美领导的？教师赞美领导则显得更稀奇古怪了。在"老百姓"看来，领导干部工作表现好，那是他们应该的，要赞美也得由领导的领导来赞美，哪轮得上咱小老百姓？试想一下，当面赞美领导吧，有拍马屁之嫌，背后赞美吧，又嫌太肉麻。所以，一般只见批评领导，却不见赞美的，至多保持沉默 —— 谁去惹那麻烦呢？

同事之间会相互赞美吗？可能也难得，每个人干得好干得不好都由领导去评判吧，我又不是领导。两个人干一样的活，让我赞美他，岂不显得我低于他？

我们赞美学生吗？不，真正努力学习，成绩优异，让我心满意足的又有几个？几乎所有新接班的教师都会由衷地感叹：这一届（这个班）的学生大不如前。这叫人怎么赞美得起来呢？

于是，我们的学校文化，批评和挑毛病是压倒赞美的。我们吝啬赞美，我们常用的表情是批评时的一脸严肃、被批评时的满脸无辜；我们的心态是挑毛病时的尖锐刻薄、被挑毛病时的紧张痛苦；我们学校的常用语言是批评者的指责与训斥、被批评者的不满与抱怨。

批评和指责令人精神猥琐，战战兢兢。在校园里，我们很难见到赞美者的感激与被赞美者的喜悦，也很少听到赞美者的柔音与被赞美者的谦辞。学校的空气因缺少了赞美而时常凝固。

凡受过别人赞美的人，都曾感受到了甜蜜。相较于受人指责，人们从心底里渴望自己所做的事能被他人夸奖。可为什么人们却又那么吝啬赞词，难道赞美真是那么难？其实，赞美他人说难也不难，一两句轻轻的话语，配上一副与赞词匹配的表情即可，那么简单的事人们为什么不做？一定是有某种力量阻碍了人们去做这件简单的事。这种力量是什么呢？

分析下来，我认为这种力量来自深重的不信任。领导干部不相信属下，总认为缺乏监督，属下就会偷懒；属下不信任领导干部，总在猜测领导干部的决策与管理行为背后有不良动机；同事间相互不信任，某人如果努力工作，一定不是为了钱就是为了利，总有什么不可告人的目的。因此，见着别人特别努力时，我们不是去赞美，而是不阴不阳地询问：你干吗那么认真？从不赞美学生是因为我们也许从来就不相信，缺少教师管束而光靠赞美，学生居然能成才？!

令我百思不解的是，大家明知道源于"不信任"的一切方法、手段的效果并不好，而且还加重了人际交往中的痛楚，降低了几乎所有人的生命质量与幸福感，可为什么却扔不下不信任的重担呢？也许，人们总是依着自己的心性来揣测他人，以心中的"小"来揣测他人可能的"小"。如此，信任从何而生？

也许，我们沉浮于不信任的惯性之中，使信任变得难行，让赞词堵在咽喉。

既然我们都希望获得别人的赞美，我们就应该一起努力，让不信任的阴霾被赞美声渐渐驱散。这样一来，每个人的心中就都充满了阳光，那时，也就有了充满阳光的新学校。

82 用自己的语言表达思想

　　许多教师不喜欢听大学教授讲学，觉得很容易让人昏昏欲睡。我心里在想，教授们研究了一辈子教育理论，自己上的课却没有人要听，实在难以理解。

　　可是，我们不能说教授们不会表达，确切地说，教授们的表达被学术化和理论化了。长期受理论话语范式的熏陶，教授们渐渐失去了用鲜活的家常话表述思想的能力，这恐怕不能全怪罪他们。其实本来没有什么拿来就能用的教育学，教育学可能就是哲学、心理学、社会学的综合，教育理论对教育实践的指导必须经过教师的创造性把握。如果说教育理论是显性知识的话，那么真正在课堂中起作用的可能是经验（无法言表的隐性知识）。

　　作为教师，我们不必将理论看得很神秘，把理论捧上天；也不必将理论打入地狱，认为教育理论一钱不值。一切存在的事物都有其价值，教育理论也同样如此。也许，教育可能真的主要是一种经验，我们接触理论，可以将自己的经验概念化、条理化，或者为检讨自己的经验中不科学的地方提供方法论依据，或者给自己新的启迪，以丰富"经验武库"。今天的教师，更重要的是以自己的表达来赢得专业地位。凡具有专业地位的职业，都需要交流沟通，以获得尊重与承认。这时，我们也许需要理论术语作"行话"。

　　有时，过于规范的学术表达反而会窒息教师的思想，阻碍教师成为教育家型的教师。我们的思想，有时非常精彩，却被学术表达淹没或漠视，这使教师逐渐丧失了表达思想的欲望和能力。本来，具有丰富教育经验的教师，处于时代变革中，处于理想与现实的激烈冲突中，应该闪耀思想的灵光，但这一切可能性，却因教师普遍"失语"而变为事实上的不可能。

因此，教师有必要释放自己的思想，将潜藏的思想表达出来，而且无须借助学术语言。要学会用自己的语言，用鲜活的、个性化的方式，将捕捉并表达自己的思想放在第一步，然后再走第二步，即用"行话"来做到规范化。

有人抱怨自己不会写。其实，思想人人有，只不过你没有找到属于自己的表达方式。一旦找到了自己的方式，你会文思如泉涌，取之不尽呢！试一下，表达思想就像平时说话一样。表达能使你感到畅快！而且只有表达了，你才能确切地知道自己活着，工作着，快乐着。

易中天的经验值得重视。易中天把自己受欢迎的原因总结为三个字："说人话。"因为现在社会上有太多的官话、套话、空话、假话、废话，所以"说人话"反而能成功。2006 年和 2007 年媒体采访他时，他说他的一条基本原则就是：说真话，不装。

83 关怀身边的普通人

世界上有三类人：一类是强者，一类是弱者，一类是普通人。我们经常关怀弱者，因为那是一种崇高的人道主义行为。弱者关怀强者则不是一种值得大加倡导的道德行为。关怀弱者是不容置疑的，关怀强者的动机往往令人生疑。而对普通的大多数人的关怀，是需要讨论一下，并大加倡导一番的，因为我们身边大多是些普通人，我们需要彼此关怀。

对普通人的关怀首先表现为在普通人脆弱的时候，我们都应该给予真诚的关怀。普通人在片刻间可能成为弱者，这时他格外需要人们关怀。其实，一个平时再坚强的人，一生中也都会有非常脆弱的时候，有时是身体上的，有时是心理上的，有时又或是精神上的。比如，你生气了，你生病了，你遇上不顺心的事了，这时你的同事和领导帮助你，关怀你，你会感觉活着真好，也就会恢复生活的勇气。为什么在生日那天格外要给人送上祝福？是为了纪念出生的那一天，出生那一天是很脆弱的，特别需要周围人的关怀。

对普通的健全人，除了在其特别脆弱的时候给予关怀外，还要针对人性的弱点去关怀。人性最大的弱点是什么？就是渴望快乐。因此，我们要设法为周围的普通人带去欢乐，至少不要为他们增添痛苦。那么人怎么才能快乐？按马斯洛的需求理论，人如果能生存、有安全感、有归属感、受到尊重、可以实现自我价值，这五个需要获得满足，就会快乐，感到幸福。

满足人们的生存需要，这一点无须多说，因为每个普通人都有基本的生存本领。我想说的是我们怎么去关怀普通人的其他更高层次的需要，我们怎么才能为周围那么多的普通人带去安全感、归属感、尊严感和个人价值感。仅仅关心那些物质条件，仅仅关心身体上的弱者是远远不够的。

别人给予我们关怀，我们同时也关怀别的与我们一样的普通人，我们将因此变得更为崇高。不过，关怀不等于没有距离。你一定听说过"刺猬法则"吧！寒冷的冬天里，两只刺猬都冷得受不了，于是越靠越近、相依取暖，可是因为他们身上长满了刺，紧挨在一起，就会不小心刺痛对方。被刺痛的刺猬于是就分开一段距离。但是，分开后又实在冷得难受，就又彼此靠近，然后再被刺痛。最终，他们找到了一个合适的距离，相互之间能够取暖，又不刺痛对方。

人与人之间要相互关怀，但又必须保持合适的距离。只有这样才能彼此依靠，却又不互相伤害。

84 学会倾听不容易

我们每天都在听，可是不一定在倾听。

倾听与一般的听不同。听是一种生理过程，是"声波在耳膜上的震动和电化脉冲从内耳向大脑中枢听力系统的信号传递"。听是一种生理游戏，入耳，但不一定入心。别人在说话，你听到了，别人说的话仅仅是一种声波和信号，与马路上的汽车喇叭声、窗外的鸟叫声本质上没有区别。倾听则不同，倾听是入耳又入心的生命活动，只有人类才会倾听。

倾听是很累人的一种身心活动。倾听为什么会令人疲劳？是因为倾听时必须集中注意力，而且要将听到的内容与自己的认识和知识结构进行比照，并与讲话内容发生冲撞或融合。只有产生冲撞或融合了，听到的内容才对你有意义。倾听是一种人类特有的、有意义的活动，当你认为别人讲的话对你有意义时，你才不会坐立不安，才会有可能忘记肉身的存在，从而也就忘记了疲劳。

学会倾听是十分重要的。倾听是交流的第一技巧。专家指出，在工作中取得成功的人士，他们的成功有八成是依赖于倾听别人说话或让别人倾听。一名成功的教师也是如此。倾听是教师的日常工作之一，不可想象如果没有倾听，教师怎么可能理解他的学生，又怎么教得好书。

此外，倾听是人际交往的一种姿态。不善倾听，就很难交到真正的朋友，也很难有融洽的家庭关系。因为有时人们仅仅需要你倾听，只要你倾听就足够了。一个不善于倾听的人，他的人生也许会因此而非常失败。

倾听不仅是一种交往技巧，更是一种美德。善于倾听的人身上有一种善良的天性和善解人意的特质，善于倾听的人具有很强的共情能力。共情要求听者通过倾听深入体验说话者所处的情境，在体验的基础上进行观点采择，推断说话者的内心活动，通过理解式对话进一步核实他人的真实感受，把握他人情感和思维的实质。共情产生的力量超出你对别人的道德说教，所以非常自然地就能使你赢得人们对你的尊敬和爱戴。

倾听还是一种你个人能力的综合表现，是对你个人的注意力、记忆力、理解力、想象力、思考力等这类智力因素的挑战和训练。倾听还是情感丰富的一种表现。很难想象，一个感情麻木、心灵冷漠的人居然会倾听！倾听是一个归纳、综合、演绎的逻辑过程，更是一个情感投入的过程。倾听可以使你的心与智两方面越来越发达，我们没有理由不倾听。

可是，有心理学家指出，倾听是一门"失传的艺术"。说倾听是"艺术"，是因为倾听是倾听者的创造性劳动；说倾听"失传"，是心理学家认为，很多人不乐于也不善于倾听。我不想分析人们为什么不愿意倾听，因为那是个复杂的问题。我只想分析人们不能正确地倾听的原因。如果我们找到了发生这一情况的原因，那么或许就可以找出解决之道。

首先是精力不够集中。精力不集中是无法倾听的。生理和心理因素都可能导致精力不集中。生理上的原因主要是体力上的，体力不支会导致精力不易集中；有些人的认知风格也会导致精力不集中，比如有的人更适合通过阅读而不是倾听来与外界交流并获得信息。如果注意力不集中是因为生理问题，那我们就应该表示谅解。有些精力不集中则是由心理问题造成的，比如，有些人习惯性地走神，那平时就要注意训练自己的注意力和意志品质。

其二是听别人讲话时过于集中关注细节，错过了要点。比如，在听讲演时，讲演者为了吸引听者，要经常在讲演中穿插一些故事、笑话，或为了进一步证明观点而引用很多材料，但是讲演中引述的那些故事、笑话或材料是为观点和讲演内容主干服务的。你如果只被这些次要信息吸引，却错过了要点，说明你的听讲能力有待提高。

其三是习惯于主观武断地听讲。有时我们过于相信自己，相信只要说话者一开口，我们就知道他要说的话是什么意思。如果过于相信自己，我们就不太愿意听他们实际想说什么，有时我们根本就不想让人把话说完。如果一开始我们就假定一个人的话或思想是无聊的、没有意义的，那我们就不会耐着性子倾听。

其四是太注意讲话方式和个人外表、语气、习惯，而忽视了内容。虽然讲话者可能不漂亮，普通话不标准，姿态不好，甚至你平时对他有意见，但这都和你的倾听关系不大，千万别受这些因素干扰。

教师要教学生学习倾听，并由此培养学生共情的能力。教师要引导学生积极主动地与小组成员进行互动、交流，并在此过程中训练他们的观察能力、倾听能力、语言表达能力。比如，训练他们洞察他人言语表征以及微表情的能力，以及从倾听中提取与概述信息的能力，以此养成了解他人的习惯，提高理解他人的能力。教师还要引导学生学会在对话中保持对他人开放和对自身开放，学会欣赏他人，学会将固有成见、情感期望等因素悬置，以实现对他人的理解和对自我的超越与扩充，促进合作小组成为"交响乐般的共同体"。

只有学会倾听，我们才可能通过倾听而学会别的更多、更重要的东西。

85 守住道德底线

一个完整的人需要学会调适以下三种关系：人与社会、集体、家庭、国家的关系，人与人的关系，人与自然的关系。如果一个人不能服从社会、集体、家庭、国家的需要，这个人就可能被我们认为是不道德的；如果一个人不能和谐地与他人相处，是不受欢迎的人，他可能就是不道德的；如果一个人不能与自然和谐相处，肆意破坏大自然的恩赐，那么，他也是不道德的。反之，一个人如果能调整自己与集体、他人、自然的关系，他就是一个有道德的人。

人是不是天生就会自动调整与集体、他人、自然的关系呢？对此，人们历来有很大的争议，不是科学意义上的，而是哲学意义上的争议。因此，我们实在不能武断地说，人天生就会自动调整与集体、他人、自然的关系。

不过，教育对一个人的道德是有益的。因为，如果人性是恶的，那么教育就要训诫并遏止这种恶；如果人性本善，那么教育就须激发人心中善的因子并加以巩固；如果认为人性有善和恶的两面性，那么教育就要同时做两件事，既要抑制恶又要宣扬善。教育的复杂在于，人类对教育对象的认识和对人类社会未来的预测，何其困难。之所以需要教育，是因为人的心愿总与集体、他人、自然发生冲突。教育历来捍卫各种社会关系的和谐与秩序，即使为了表面的和谐与秩序而牺牲个人利益。

人类历史其实就是人类追求自由解放的历史，在不平等的社会里，人们为适应外部世界往往要付出比今天更大的代价。生产力水平越是低下，人们付出的道德代价就越大；而越是专制的社会，就越增加道德代价，使道德几乎成为一种社会强制力，甚至可以完全抹杀人性。鲁迅之所谓"仁义道德"的"吃人"，就是这个意思。因而传统的教育，从本质上说是为了维护社会，而不是维护人性。传统的教育几乎就是道德教化，传承一成不变的道德规范，最终帮助人们习得这些规范而成为习惯，为达到此目的，即使牺牲人性也毫不可惜。道德，从某种意义上说，就是教人的"个体"做出牺牲的，因为在人类历史中，人作为"类"的价值总是高于作为个体的价值。个人的需要，不管有多么充足的理由，只要与人类的需要相违背，个体就必须做出牺牲。道德之所以重要，是因为只有人类的总体利益得到满足，个体的利益才有保障。这即所谓道德的人与不道德的社会。

不同历史时期有不同的道德标准，不是因为人性的变迁，而是因为社会的变迁。为保全社会的和谐与秩序，一个时代会根据时代的特点对人提出相应的道德规范，但是，一个时代的逝去，并不能立即改变一个时代的道德规范。因而道德标准的变化总是滞后于时代要求，甚至阻碍时代变迁的步伐。每一个剧烈变化的时期都会导致道德失范，这是必然的，也是可以理解的。

随着我们这个时代宽容度的增加，道德标准只可能越来越相对，而不可能越来越绝对。如果将道德标准绝对化，可能会导致更大的混乱与倒退。

我们正处于这样一个时代：道德价值观的多元化已是不争的事实。这个时期的道德教育，也许只能是对人类道德底线的教育。更重要的是，教育者应该认识到社会变迁的趋势，并"依势"而非"逆势"做出符合理性的教育判断，如此方可在复杂情况下有所作为。我们应该认识到经济和社会变迁对道德领域的影响是深刻的，而且是决定性的。新的价值观正在冲击人们的头脑，教育者不得不重新思考有关道德的一系列基本问题，即在此形势下我们如何确立符合现实也预示未来的道德观念。

这种思考始于伦理，也就是人与人之间的关系问题。市场体制要求人与人平等，这将冲击固有的等级制。市场体制下的人应该是个性化的人，应该具有独立意志和品格，因而也就更完整。市场体制比之前更加关注人的权利，为追求效益最大化，它将集体利益还原为个人利益的总和，通过对个体利益的尊重而促进集体利益的实现。没有事先存在的所谓集体利益，集体利益是个人利益的总和，并且以保障个人利益为前提。

"自利"是市场追求利益最大化的基本假设。亚当·斯密（Adam Smith）认为，当每个人的利益获得满足时，集体的、国家的、社会的利益也将最大。他说，人们追求自身福利最大化的过程就是道德建立的过程。在此，自利不是贬义词，而是中性词。因为自利能促使经济发展，实现共同富裕。

那么，在这些价值观变化的重要时刻，整个社会道德伦理的底线在哪里呢？

道德的目的是实现最大多数人的最大幸福，而只有利己利人才能有最大多数人的最大幸福。因此，如果我们必须为当代的道德划一条底线的话，那么这条线就是"不损人"。

86 不惧怕表达

这个世界很喧嚣，在同一个问题上，大家发表自己的意见，各种各样的声音都有。有人觉得这不对，不应该有杂音，而我却不这么认为。我们还能听到不一样的声音，就说明现在很安全，一切正常。怕就怕只有一个声音，那倒是要找个地方躲起来了。

这是一个主张表达的时代，因为我们这个古老的国家，五千年来从来没有像今天这样自由、开放、多元和民主，个人的权利从来没有像今天这样受到尊重。这一切在古代是不可想象的，在那样的时代，人们一样活着，吃着，睡着，呼吸着，然而却是"沉睡"着，"忧惧"着。

学校承担着捍卫真理、传承文明、创造新文化的特殊使命，因而学校是否文明，很大程度上是看学校有没有从制度上保证每一个人在知识面前均拥有自由表达的平等权利，不分校长和教师，不分教师与学生。学校制度应坚决捍卫知识领域中师生的这一权利。在学校，最可悲的应该就是在知识面前"万马齐喑"。

学校应该成为人们自由表达的场所，以便人们在表达中认识自己，张扬自己，并在听取别人的表达时学会尊重，学会捍卫别人表达的权利，也学会在与别人交流中或更坚信自己，或调整自己。

表达对师生之所以重要，不仅在于其对知识工作的作用，还在于它能促进人际交往。人际交往是从自我表达开始的。什么是自我表达？在人际交往中，我们希望控制给对方留下的印象，这种行为在社会心理学上称为自我表达。自我表达在你建立一些新关系时特别关键。比如，你和同事、家长、学生交往都需要自我表达。

作为教师，你在自我表达中，要传达关于自己的积极信息，说自己有什么样的理想，自己在做怎样的努力，你要用自己的语言塑造自己的正面形象。喋喋不休地抱怨，是错误的自我表达。你的穿着、打扮也是你的自我表达，与你的语言、行为一起塑造你在公众心目中的形象。自我表达的时候用不着谦虚。请记住，只有出众的英雄才有资格谦虚，我们这些普通人缺的就是必胜的信念。教师只有不惧怕表达，才能欣赏学生的表达。如果还没开始表达，心里就想着别人会怎么说你，那你的眉头就无法舒展，你的人生也就因此无法舒展。

最后说个实验，它揭示了一个心理现象 —— 聚光灯效应。假设我给你一件颜色特别奇怪的 T 恤让你穿在身上，让你到一群人里面去走一圈。你认为，会有多少人注意到你穿了一件颜色奇怪的 T 恤呢？实验表明，人们认为会有超过 50% 的人注意到自己的奇怪穿着。而真实的结果呢？只有不到 20% 的人会注意到你这件衣服。这种现象，心理学家称之为聚光灯效应。也就是说，无论在哪儿，人们都会认为聚光灯是永远打在自己身上的。

你以为你的表达别人会很在意，而实际上人们可能只在乎自己。所以，不必害怕表达。

87 要有宽容精神

《宽容》是亨德里克·威廉·房龙（Hendrik Willem Van Loon）的一部名著。从房龙的眼光来看，人类的历史就是一部为争取宽容而战的历史。

追根溯源，不宽容起源于专制。帝王和其他形形色色的专制者代表着真理，他们掌握权力，包括他人的生命权、财产权、人格权，包括对信息的独占权，还包括语言霸权。不宽容的一个特点就是对话语权的垄断。人们只可以有拥护的自由，却不能有反对的自由。可悲的是，我们有漫长的专制史，不宽容和斗争的思维根深蒂固。我们以为皇帝被推翻了，自由时代到来了，可没有，你看，抨击与谩骂，霸道与戾气，不是照样弥漫在空气里，渗透在互联网中？"斗争哲学"让我们付出巨大的代价，在不宽容的思维下，人们习惯性地寻找斗争对象，实在没有的话，找个"假想敌人"充数都可以。

历史早已翻到了新的一页，我们看到了一个纷繁芜杂、精彩多样的世界，然而我们看待事物的单一目光和二元斗争哲学还在主宰我们的思维。如果我们凡事只认为自己是正确的，别人是错误的，如果我们不能和有不同见解、不同性格的人相处，如果我们与任何特立独行或标新立异的人都无法沟通，那么我们就还没有学会宽容。

房龙说人类的历史就是一部为争取宽容而战的历史，其实教育发展的历史何尝不应该是不断走向宽容和包容的历史呢？如果我们在教书时，只认教科书和标准答案，却容不得半点质疑；如果我们只守着自己习惯的教法，使用习惯的手段和方式，拒绝一切新的想法和创意；如果我们听了某些宣传或说教，认为某种教育理论或政策就是唯 正确的或唯一必须信守的，那么我们就还是不宽容。面对每一个有个体差异的孩子，如果我们只以个人的眼光去取舍，偏爱那些乖孩子，排斥那些笨孩子、脏孩子、调皮的孩子、被父母遗弃的孩子，那么我们就尚不具备宽容精神。

我们在不知不觉中已迈入一个多元化的世界，进入这个世界的条件就是具备宽容精神。

宽容不易。为什么不易？是因为宽容不仅是一种意识和精神，也是一种能力和美德。教师应该具备宽容的能力。宽容是一种坚强而不是软弱，宽容所体现的退让是有目的、有计划的，主动权掌握在自己手中。无奈和迫不得已不能算宽容。你被迫忍受一个事情，那不叫宽容。宽容是一种居高临下的包容，宽容建立在强大的自信基础之上。

宽容不仅在面对异己时有用，对自己冲突着的人格而言，宽容意味着造福自己。宽容会使我们挣脱身心的很多束缚，使我们每一天都很自由。

教师还应该教孩子们学会宽容。如果今天的教育还只是鼓励个人成功，那就是在酝酿不宽容的种子。你发现没有，学校教育是不是鼓励每个人都要拿第一？是不是事事都要"比学赶超"？这是在给学生传递怎样的信息呢？不就是有你没我嘛！想想我们自己受教育的十几二十年，一些观念是怎么在头脑里扎根的？现在，我们还正在继续传播不宽容。我们教育学生要与他人合作，却同时让他们体验"不宽容"的学校氛围。这不是很值得反思吗？

88 重新定义君子

中国人历来推崇君子，反对小人。可是，什么是君子？君子是西周、春秋时对贵族的通称，被君子统治的平民百姓叫小人。《尚书》孔颖达疏引郑玄语曰："君子，止谓在官长者。"《国语·鲁语上》："君子务治，小人务力。"直到春秋末年后，"君子"与"小人"才逐渐演变成对"有德者"与"无德者"的称谓。这样的话，有些贵族可能是小人，而有些底层民众也可能是君子。

最初君子不仅是贵族，而且一定是男人。你看"君子坦荡荡""君子固穷""君子义以为质""君子求诸己，小人求诸人""君子矜而不争，群而不党"，听上去似乎就有很强的男性色彩。所以，在绝大多数古人看来，女流之辈无论在见识上还是在道德上都是不如男性的。这个遗毒现在还在，一些学校搞男孩女孩教育，说要让男孩像个"君子"，而"女孩"则要像个"淑女"。

我认为，君子在新时代应该有新标准。新标准主要体现在"平民化"和"中性化"上。君子的"平民化"任务，应该完成得不错，毕竟在中国虽然有所谓的"官二代"和"富二代"，但贵族早就没有了。我认为要对君子做"去性别化"的努力。

在真实世界中，越来越多的女性在越来越多的领域中，都获得了不亚于男性的成就。在政治、经济、科学等方面，女性都不再输给男性。一项调查显示，在全球许多国家，在过去十几年里，男性在学业上已经被女性超越。男性学业落后变成了全球性问题，结果就是男性失业率升高，不愿意与异性发展亲密关系，沉迷于网络游戏和成人影片，不愿意在现实中付出努力。而越来越多的女性走向前台，占据越来越多的领导岗位。所以，女性身上的优势，应该被充实到君子标准中。

女性特质中有哪些特质非常重要呢？美国的一项研究对女性特质的描述如下：

1. 女性比较注意跟大家沟通，能够掌握全面的信息，更好地对信息进行整合，而男性领导者更倾向于从自己的角度出发想问题。

2. 女性的韧性特别强，持久力也比较好，当面对多数人都认为做不到的事情时，她们的信心和进取心更高。

3. 女性的耐性十足，更善于倾听，她们也更愿意跟别人分享自己的意见，会更加全面考虑后再做决定。

4. 女性具有更强的牺牲精神。女性更容易把那些沉重的负担变成前进的动力。

一篇研究论文提出了"雌雄同体"的概念：当女性领导者在领导行为上表现出双性化特征时，下属无论是男性还是女性，都会对领导者行为的有效性表现出较高的评价。而这里所谓的"双性化"特征指，在处理同事关系这件事上，能够有良好的沟通能力、出色的信息整合能力、善于倾听的能力，同时，在决策行为上表现出强烈的原则感和坚定感。

伟大的灵魂，伟大的组织，伟大的人物，他们都是"雌雄同体"的。他们既有自强不息、积极主动、操之在我等特质，同时又厚德载物，能隐忍和包容。

所以，再单纯将所谓的男性特质作为社会的榜样，作为君子的标杆，是怎么也说不过去了。再试图将自信、坚强、勇敢、大胆、无畏等看作男性的专利，这就是在毁灭中国的"君子"了。

89 促进学习

　　学校不是产生利润的机构，学校不是为地方政府添荣耀、为某些领导证明政绩的机构，学校不是组织严密的生产流水线，学校不是为学生提供进入高一级学校入场券的印刷厂，学校的主要使命之一是为了促进学习。

　　学校是因为促进了师生的学习而获得其存在的价值的，因此学校就不仅要使学习成为每个人的工作方式和习惯，而且还要帮助人们因学习而创造自己的未来。学校是极有生命力的组织，因为学习是每个人生命的源泉。真正的好学校应该成为学习者的聚集地和师生的学习共同体。

　　学校如果不为促进学习而存在，那么它其实已经不再是"学"校了。如果教师不能促进学习，是不能被称为教师的。

　　怎样才算促进学习？主要就是看能不能促进学习者学习态度的转变。真正的学习可以被观察到和感受到。我们常常说某某学校校风好、学风好，其实就是指学生的学习态度好。什么是学习态度？用术语来说，学习态度是指学习者对学习较为持久的肯定或否定的行为倾向或内部反应的准备状态。

　　只通过概念很容易对学习态度产生误解，人们会看重学生学习时的"行为表现"，这也对。上课时坐姿端正，两眼直视；课堂笔记、摘抄、画线、重点符号，配上思维导图、概念图之类的，很漂亮，很严谨，很整洁，可是却不能简单地被看作学习态度，而更有可能是行为艺术，是一场学习的表演，表演给自己看，表演给同学、教师和家长看。

具有良好学习态度的学习者并不在乎自己是否拥有一副学习的样子，而是看自己愿不愿意，以及能不能去探索未知的领域。真正的学习要经历艰苦的思考和尝试，要经历一次次的失败。

我这么说并不是在反对认真听讲、做好笔记，只是说这些事情并没有那么重要。真正的学习可以发生在沙发上、马桶上，躺着、靠着都可以，书本上涂得脏脏的也可以，甚至走神了没听课也行。散乱的、随意的，甚至是暴躁无礼的，只要他仍保有探索未知的热情和努力，我们依然可以说他学习态度端正。

促进学习，其实就是促进学习态度的转变，而不是让学习的样子更好看。

90 好学校的三个世界

我一直认为，好学校都应该构建起三个世界：求真的知识世界、向善的人际世界、优美的心灵世界。这三个世界中，求真是最难的，也是必须建设起来的，否则哪里算是学校呢？

首先是求真的知识世界。

学校所建设起来的知识世界应该是完备的探索系统。从生理角度看，每个人的头脑中都有一套探索系统，那是一套位于大脑的前额叶皮层和腹侧纹状体之间的神经网络。这套探索系统能激发人的探索欲，使人类战胜其他物种，获得更多的生存优势。具体来说，有了这套系统，人们会主动离开舒适区，去寻找各种新的可能性。也就是说，探索系统就是人类保持进取精神的发动机。神经科学领域的先锋人物雅克·潘克塞普（Jaak Panksepp）认为，探索系统是人类最宝贵的设计。如果探索系统不再活跃，人类的抱负将被冰封于无尽的寒冬。

人类在生存竞争中获得优势离不开探索系统，那么学校的持续进步，是不是也需要这样一个系统呢？答案是肯定的。可是，在学校建立一套探索系统并不是件容易的事。那是因为探索系统有三个弱点：第一个弱点是厌恶约束，一旦受到外力约束，探索的活跃度就会大大降低；第二个弱点是，探索系统并不害怕失败，但惧怕惩罚，因为惩罚会触发一系列的连锁反应；第三个弱点 —— 放大恐惧。只要犯过一次错，一朝被蛇咬，每次想到自己受过的惩罚，内心的恐惧就会被唤醒。这时，无论是人还是组织，就都会变得畏首畏尾，什么都不敢做。

现在，我们的学校、教师和学生，探索系统几乎是被毁坏殆尽了。这是为什么呢？原因不是明摆着吗？

工业革命后，为了提高生产效率，人类创建了大规模的分工协作网络。每个人被规定了清晰的工作边界和职责。为了增强分工网络的确定性，人们还发明了现代化的绩效制度，用于约束和惩罚。其结果就是老老实实、本本分分的人得利，而具有探索精神的人遭殃。如果学校向落后的工厂学习标准化和绩效制度，教育就只能死气沉沉了。

第二个世界是向善的人际世界。

人类社会是人际关系的社会，教师相当一部分焦虑来自不良的人际关系。首先是干群关系，通常是管与被管的关系；同事之间可能存在"文人相轻"的不良风气，导致同事关系紧张；师生关系紧张更是传统学校的一大弊端。如果人际关系由复杂变为简单，由对立变为沟通，那该会多么美好！而要实现这些变化就要激发起我们心底向善的潜质。

我们应该认识到合作胜于竞争。每个人都是唯一的，每个人都是珍贵的，每个人在学校里工作都应该能找到自己的位置，发挥自己的长处，实现自身的价值。每个人都要去发现别人的长处，而不要打小报告、背后议论别人，尤其不要议论别人的隐私。

第三个世界是优美的心灵世界。

心灵的世界是美的，也是无限的，这个世界是靠艺术来滋养的。我们用高雅艺术熏陶濡染心灵，使其清澈而灵动，细腻而高尚。我们要让自己的心灵盛开出美丽的花来。我们听音乐，朗读文学作品，从繁忙的工作中抽出身来，进入另一个美妙的世界去感受生命的华彩。

我们还得注意细节，让一切的美体现在细节中，美好的感觉其实是由许许多多细节构成的。这些细节作用于人们的眼睛、耳朵、鼻子，最终综合在一起影响每个人的内心。我们的语言和行为举止要注意细节，人的高贵气质本身也是学校环境的一部分。美感正是通过每一张发给家长的通知书，每一本批改后的作业本，每一封校长的亲笔信，每一张学生的奖状等细节，传递给每一个人的。

　　以上这三个世界的建立都不是一朝一夕的事，但我们可以无限靠近。这三个世界离我们越近，我们就越幸福。我们每个人其实才是美好世界的真正创造者。

91 重视学校仪式

仪式源于宗教或巫术，表明人们共同的信仰和期待。仪式是群体才有的，一群人心怀共同愿望，做着同样的动作，念着同样的话语或唱着同样的歌。这样就产生了共振，形成了一个"场"。"场"会反作用于人，直达人群中每个人的心底，使人更虔诚地信仰、做、说和唱，再由此加固"场"。

因为有这么巨大的作用，仪式后来就自然被运用于世俗领域，比如婚礼、电影开拍、运动会入场、艺术节开幕、商店开张等场合。仪式代表民俗，形成一种文化，通过仪式对心灵的作用来聚集人心，并使不同人的目标与行为趋同。

学校仪式也是文化，而且是学校文化中很具代表性的一种。我们每天在重复相同的仪式，由此使一所学校更具有自己的特征。升旗、降旗是我们一眼就可以辨别的仪式，其作用不用赘述。入团、入队仪式，离队仪式，开学典礼，结业（毕业）典礼，成人礼等，这些仪式往往需要行礼、宣誓、唱歌，我们都不难在学校里找到它们的痕迹。

可还有一些人群的共同行为，原来不算仪式的，后来却仪式化了，起到了与仪式同等重要的作用，我们却可能忽视了。比如，早操原先是为了锻炼身体，后来因为每天做而且具有仪式的诸多外部特征，便仪式化了，成为学校文化的一部分，反映着学校的整体风貌。说实话，15分钟的早操，真正用来锻炼身体的时间也就几分钟，而且这几分钟的运动量可能还不如跳绳，早操锻炼身体的作用早已让位于仪式作用了。

再比如，学生值勤，你说让他们站在校门口、楼梯口实际能干什么？真能"站岗放哨"，做"安全保卫"工作？真能阻止不良行为发生？不，"娃娃兵"不行。可是，那却是一种仪式，作用不小呢！

还有上课前后师生的问候、起立、问好，成为一堂课的必要组成部分，缺了这个仪式，课就不完整。你说互相问候真能让师生关系变融洽，真能让课堂变安静？未必吧，可就是不能少，那是仪式！

仪式与其他集体活动明显的区别在于前者严肃、庄重且步调统一，后者随意而无须统一。因此，一旦我们不注意对仪式规范的强化，便会使仪式失去应有的作用。

千万不要简单地认为仪式只是做做样子，是形式主义。仪式可以大大提高工作和学习效率。为什么这么说呢？

仪式感是一种强烈的自我暗示，是一种精神的礼仪。这种礼仪将人的普通状态与工作状态区分开来。人一旦要完成充满仪式感的动作，就能将自己的反应力、思考力、执行力聚拢起来，迅速提升到一个高水平的状态。曾在网球运动中排名世界第一的运动员纳达尔，是一个仪式感狂人。每次发个球，他都要先完成扯裤子、撩头发、摸鼻子等一系列动作。他放水瓶有固定朝向；挑边时，总让对手等；总是右脚先踏进赛场……其实，这并不都是迷信，而是他的仪式动作。面对不可控的对手，一系列可控的动作就是他的仪式 —— 让自己精力聚焦，心情平静。

建立仪式感，其实就是让你排除各种各样的杂念。为自己建立一种自动反应机制，你的效率会更高，因而学校的效率也会更高。

92 为学校灌注精、气、神

在中国古代文化中，不仅大自然由神掌管，人体内部也有神，这就是我们平常说的精气神的"神"。这个神，指的是人的意识和灵感。道家养生，就是通过对身体进行物质性的修炼，涵养意识，也就是神。神养好了，就能够强健身体。我们平时说的"闭目养神"就是这个意思。

学校是一个有生命的有机体，她的未来全在于今天的创造。这个有机体每到节庆时分，也有梦想和祈愿。有机体的健康平安是我们最美好的祝福，要有这样的福分，机体内经脉通畅、各组织间和谐相处、各器官协调运作是前提，和谐永远是学校兴旺之本。有机体的分崩离析只在一眨眼之间，因为任何一个缺乏凝聚力的组织都如玻璃般脆弱，受不得外部变化的影响。尤其当事业未成时，哪怕是一点点成功的喜讯，都可能成为导致生命体瓦解的导火线。因此，我们有必要同时在体内生产出凝固剂。这凝固剂就是现代学校管理制度和现代学校文化。制度和文化一起作用于学校的每一个人，使每一独立个体因为共同的理想而在一起工作，又因为分工和个性的差异，宽容地欣赏并感激别人的劳动。

我们处在一个急剧变化的、充满不确定性的时代，这个时代永恒不变的东西就是变化。这一时代特征将学校置于风浪的颠簸之中，使学校沉浮只在一念之间，每一次懈怠都可能是致命的。在生命的生存考验中，非得举全校之力不可。没有人会是这所学校的救世主，也没有人可以以为自己就是学校的孤胆英雄。这是一个没有英雄的年代，我们从来没有像今天这样将各自的命运紧紧相连。

一个高级的生命体之进化，是遵从了"丛林法则"并战胜了异类之后才得以成功的，因而生存的第一要义在自强。自强需具备强于异类的适应力，包括体力和智慧，生命体的高级程度是以智慧为标志的。然而，仅仅可以适应，那依然是被动的，是不足以自我成长的。

生命体的超越力是一种远胜于适应力的力量。具备了这种力量，学校就将不再仅为谋生才遵守法则，而是自主地再造"第二自然"。在那里人们可以自由地驰骋，那里依着我们的法则，我们俨然成为立法者。培植超越力的关键在于精神理想，当生命体再造了只属于自己的精神理想，便可赋予每一个司空见惯的行动以意义。

也许，我们得为学校灌注精、气、神，为了学校不仅健康，而且幸福。

93 合作是竞争的归宿

　　管理学上的团队（Team），是指有共同愿望、共同目标，协调一致的小组或群体。团队是合作的产物。在强调竞争的时候，人们往往会忽视合作，而没有合作就不会有共同愿望和目标，也就不能协调一致地行动，那么就没有团队这个"物种"了。可见，团队这个概念是合作这一思想观念的产物。

　　那么，什么样的团队是高绩效的呢？美国盖洛普公司对上千家企业和 1 亿员工进行了长达 25 年的研究，结果发现高绩效与 12 条标准有高度相关性。这 12 条标准分别是：

　　1. 团队成员都知道对自己工作的要求。

　　2. 团队成员有做好工作所需要的基本材料和设施。

　　3. 在工作中，大多数成员认为每天都有机会做自己最擅长的事。

　　4. 团队成员经常因工作出色而受到表扬。

　　5. 团队的主管或同事关心团队成员的个人情况。

　　6. 工作单位有人鼓励团队成员的个人发展。

　　7. 在工作中，团队成员感觉到自己的意见受重视。

　　8. 团队的使命／目标使团队成员感觉到自己工作的重要性。

　　9. 团队成员都致力于高质量的工作。

　　10. 团队成员在工作单位有至少一个要好的朋友。

　　11. 在过去六个月中，工作单位有人和成员谈及团队成员的进步。

　　12. 在过去一年中，团队成员在工作中有机会学习和成长。

一个小组要进化为一个团队，有必要进行团队建设。为什么要进行团队建设？因为良好的团队能焕发学习者良好的情绪反应。另外，更为重要的是，团队建设能大幅度提高协作学习的有效性。帕特里克·兰西奥尼（Patrick Lencioni）的《团队协作的五大障碍》一书，谈到了团队协作过程中经常遇到的五大障碍，也就是缺乏信任、惧怕冲突、缺乏承诺、逃避问责、忽视成果。我想作者所说的五大障碍，在教师团队中也存在，甚至可能更严重。

　　第一大障碍是缺乏信任。小组成员是靠信任凝聚在一起的，信任就像团队的黏合剂。如果成员之间彼此缺乏信任，人就会变得很敏感，这容易导致基本归因错误。比如，人们喜欢把自己的过失归因于环境。发现了他人的过失，那肯定是他这个人有问题，要么是能力不足，要么是态度不够好。于是，遇到问题，总要指责他人而给自己辩护。这样就会凭空生出很多猜忌，进而严重地破坏团队的信任基础，使整个团队陷入恶性循环。

　　那应该如何克服这个障碍呢？兰西奥尼认为，应该建立"基于脆弱性的信任"。意思是说，团队成员要敢于承认自己的弱点和不足，能够在必要时向别人道歉和接受别人的道歉。兰西奥尼建议，领导者也可以通过一些措施大大缩短建立信任所需要的时间。比如，团队开会时一起聊聊家庭、爱好和儿时的经历这类有关个人背景的话题，或者让大家做一个科学的心理测评并把结果公布出来，以互相了解每个人的行为风格。总之，小组成员们花点儿时间做一些增进彼此之间相互理解的活动，对促进团队信任是很有益处的。

　　第二大障碍是惧怕冲突。这里所说的冲突，指的是团队内部不同观点的直接碰撞，甚至是激烈的交锋。在协作活动中，发生冲突是再正常不过的了，冲突对于高质量完成任务甚至是有益的。但即便团队成员之间建立了信任关系，人们也会惧怕冲突。所以，在协作活动中大家会保持一团和气，有了想法也会藏着掖着，担心影响人际关系。

其实，维持一种表面上的和谐，不利于深度学习和解决问题。

兰西奥尼建议，要对团队成员进行建设性冲突的训练，让大家都愿意表达不一致的意见，习惯和适应良性冲突，不再害怕激烈的争论。兰西奥尼主张把心里惧怕和紧张的感觉说出来，这样大家反而会变得放松。我们可以这样说："这个讨论对我们非常重要。现在的气氛可能有点儿让人不太舒服，但这恰好表明我们在做正确的事情。"如此反复练习，团队就可以慢慢娴熟地把握冲突的尺度，彼此间也会变得更加信任。

这里我还想要强调的是，我们要尽力消除不必要的冲突。有一些冲突是因为缺乏沟通技巧引起的，在《非暴力沟通》一书的作者马歇尔·卢森堡（Marshall B. Rosenberg）博士看来，有四个原因让我们的日常交流演变成了"暴力行为"。这四个原因分别是"道德评判""做比较""推卸责任"以及"要求"。

团队中一名成员在协作活动中出错，如果对着他说"你这个人就是懒惰"，这就是在做道德评判，把"懒惰"之类的道德标签贴在别人身上。这一刻，偏见也就产生了。这种偏见会阻碍团队成员进行平和的交流。

除了道德评判以外，刚才我们提到的"做比较""推卸责任"和"要求"也会让小组交流演变成暴力行为。和他人"做比较"，会激发出攀比心，让人不能平心静气地看待别人。在团队协作活动中，如果有意无意地强调自己的贡献比别人大，当然也就不能和别人平等相处，进而导致协作关系受损。

"推卸责任"是强调自己已经尽力了，而过错都是别人的。在协作活动中，我们不要说"我早就跟你们说过这行不通"之类的"事后诸葛亮"的话，这是一种推卸责任的不良表达方式，只会加深团队成员之间的矛盾。

"要求"就是把自己的想法强加给他人。比如说，"听我的没错，你又不懂"之类的话，就是在阻止他人发表意见，显然也是一种暴力。

以上讲了第二大障碍"惧怕冲突"。下面介绍第三个障碍：缺乏承诺。兰西奥尼认为，承诺由澄清和共识两部分机能构成，好的团队应当做出及时、清晰的决策。有的团队决策不及时，讨论来讨论去，总是没有结果，最后不了了之；有的团队决策不明确，看起来好像达成了共识，可大家都模模糊糊，不一定都能理解。一些领导很有"领导艺术"，有意把话说一半，这么做的好处就是自己能够进退自如，反正解释权归他自己。但是，教师间的协作活动却不需要这一套。

为了消除这一障碍，我们可以要求小组实行"最后期限"制，要求大家在这个期限之前拿出集体意见；达成共识后，要将结论讲清楚，要有一个清晰的表述，最好是书面表达。组长还要询问组员有没有不清楚的地方，如果没有，那就要求大家做出承诺并付诸行动。

第四个障碍：逃避问责。这里的"问责"主要指成员是否愿意指出团队中其他人可能伤害团队的做法。也就是说，当一名成员发现其他成员没有兑现承诺时，是不是勇于站出来提醒他，告诉他这么做是不对的。如果心里想："我又不是组长，我才不去得罪人呢！"这就叫作"逃避问责"。我们应该学会这么说："我无意冒犯你，只是我看到你有个地方可能不符合我们之前达成的共识。"对方回应时应该这么说："我做的可能确实不太合适，是因为遇到了点儿困难，你是不是可以给我一些好的建议？"你看，只有大家都承担起责任来，才会有良性的互动。

能否消除"逃避问责"的障碍，跟是不是消除了前面三个障碍有很大关系。一个团队内部如果缺乏信任基础，惧怕冲突，都不敢表达不同观点，对决策难以达成共识并做出承诺，怎么可能会当面给出有价值的反馈呢？

当一个团队成功地克服了四个大的障碍后，最后要面对的障碍是忽视成果。忽视成果不是说不看重成果，而是说团队成员各自为政，倾向于关注集体目标以外的事。一定要区分团队的目标和个人的目标，团队和个人想要的结果很可能不一致。比如，团队要成功地完成任务，完美地解决问题；而个人可能希望自己得高分，获得领导的赏识。如果个人的和团队的目标不一致，个人就会倾向于为一己之利斤斤计较，不愿意为团队承担具体而琐碎的事务性工作。因此，在推动团队协作时，将团队成果与个人成果捆绑起来进行评价是很有必要的。

94 因为学校没有主人，我们都来当吧

领导们喜欢说，教师是学校的主人。

人民群众翻了身，当家做了主人，而政府官员则是公仆。官员是为人民服务的，他们不能享受任何特权，衡量他们工作好不好，就要看他们是否在为人民服务，以及为人民服务的质量高不高。

这样推演下来，学校的主人自然是教师，教师当家做主，校长和部门主管是公仆，是为教师服务的。

我是从教师做到校长的，这一路的经历告诉我，做出这样的简单推演是错误的，不仅逻辑前提错误，而且结果也错误，用术语说就是"不真"。首先，学校不是国家这个大概念的缩小，学校与国家甚至是不同"种"的概念；其次，教师事实上不是学校的主人。我甚至发现，学校居然没有主人！至少现在看来，我们身处的是无主的校园。

学生是主人吗？不是，因为当我们在决定学校大事时很少会去听学生的意见。笑话！听那些不谙世故的孩子的意见？他们是孩子，他们连自己的命运都无法把握，还能决定学校命运？

教师是主人吗？不是，教师是被管理的对象，只有被监督的份儿，哪里有什么做主人的感觉？不！有时有做主人的感觉，在学生面前做学生的主人，替他们安排好在校学习生活的每一分钟。这时候教师像个主人，只是这时是学生的主人而非学校的主人。怎么才算学校的主人？学校的重大决策你参与了吗？参与的程度如何？学校经常听取你的意见吗？你的意见如果合理，会被采纳吗？学校事务你有权知道、

有权质询吗？校长决策错误，你可以反对吗？如果没有，那么很遗憾，你不是学校的主人。

校长是主人吗？好像是，因为很多人称校长为"老板"。现在是校长负责制，校长是法人代表，其他人都是校长聘来为他服务的，他当然就是主人了。可又好像不对，校长从哪里来的？是教育局派来的。如果校长是别人派来的，那么也就是说别人也可以把他派走，校长是被"派来派去"的人。校长是一个连自己的命运都无法掌握的人，怎么会是学校的主人呢？还有，校长可以决定学校搬迁或不搬迁吗？不行。可以决定招多少学生、哪些学生要招哪些不招吗？也不行。可以决定学校撤掉或合并吗？更不行。校长可以开除教师吗，哪里有可能？那好，校长既无法掌握自己的命运，也无法掌握学校的命运，谁能说校长是学校的主人？

教育局是学校的主人吗？首先，教育局不是"人"，而是政府教育事务的主管机构。那教育局局长是学校的主人？肯定不是，因为还有教育局党委书记，还有分管的副局长们。他们都是主人？不是，他们虽然在主席台上布置工作，下基层指导工作，可是他们不决定学校事务，他们不会为学校办得不好承担责任。世界上哪有可以不负责任的主人？

所以，可以遗憾地宣告：公办学校的主人是缺席的。连教育局局长、校长在内的每个人都是"打工仔"。这是一种很可怕的情形。可怕在哪里？可怕在教育局领导下了指示，学校照着做了，可一旦做坏了，教育局不用负责任。校长干得很好，不会增加收益，为了干得好反而要承担一些风险；干得很糟糕，或许可以换一个地方再做校长，并且可以"毫发无损"。教师反正是打工的，没本事的混一天算一天，只要不出格不撞"高压线"就行；有本事的到哪里教书都一样，此处不留爷，自有留爷处，至于学校发展战略之类的问题"关我什么事"。幸好，我们有一批德高望重的教育局局长，爱校如家的校长，敬业爱岗的教师，否则，我都不敢"否则"了。

既然无主人的学校充满危险，那么谁来补主人这个位呢？我想，得我们每个人一起来。首先，校长来当主人，不当代理人而是当主人。怎么当呢？用制度来当。用什么制度来当？用以下三个制度：

1. 用学校章程来依法保障学校权益。学校章程用文字界定了学校与教育局的关系，使学校可以完全名正言顺地"自私自利"。在学校的法人代表看来，没有比学校利益更重要的利益。

2. 用"校长负责制"限定校长的责、权、利，尤其要明确表述"责"。这些条文规定，学校校长，不管他是谁，曾经为学校立过什么功劳，只要他哪些工作做得不好那他就要负责。什么是负责？负责就是要让他付出代价。

3. 用教师代表大会制度实施学校民主，让教师代表大会在维护教师权益和决定学校命运上有更大发言权。

其次，要教师来当主人。怎么当法？

1. 依法维护自己的权益。只有懂得维护自己权益的人，才会自觉履行自己的义务。学校中最重要的关系就是权利与义务的关系。教师与学校有契约，这份契约明确了各自的权利、义务。只有这样，教师才可能从依附学校的"单位人"进步为"契约人"。这样教师才可能走到主人的位置。

2. 勇于评议学校政策。这是一种勇气，也是一种责任。一所学校之所以有希望，就在于她永不停歇自己的脚步。进步是发现并解决问题的过程。"横看成岭侧成峰"，也许真正准确的眼光和超人的智慧，正来自第一线的教师。

3. 关注全局。学校虽小却也有全局，只有不局限于眼前的工作，放眼学校发展走势，将自己融入学校大局中，才能把握更多的个人发展机会。

相关的每个人都把学校当自己的产业和事业，学校终将有主人。

95 在教育的冬天里，让我们相互取暖

　　我们正处在一个漫长的教育转型期，校长、教师、学生都很难做。在我当校长的时候，我真想彻底解放教师，至少在校内不搞那么多考试，那么多检查评估，这样也就能解放学生。可是，我和教师们一样，都像在一个八万人的体育场里看球赛，前排人都站着，于是我们也只能站着才能看见球。如果所有人全坐下去，其实看球的效果和站着是一样的，可是谁能坐下来呢？除非一起坐下来，否则我坐下了，怎么看得见球呢？这叫作"剧场效应"，现在称为"内卷"。

　　我们的迷惘和困难在哪里？就在于我们不知道信什么好了。就如同原来我们住老房子，本来住得好好的，现在要动迁了，动迁公司开进来赶你出门叫你搬家，可你买的新房是按揭房，还要等好久房子才会到手。这时你在老房子里熬日子，心里发慌；新房子在图纸上，住不得人。在转型期，我们做校长的、当教师的，似乎被"集体流放"了。现在只有一个办法，临时租个房先住一段再说。高明的学校，他们的基本策略就是弄个房临时先住下了，有的学校还住在老房子里做"钉子户"，早晚会被"扫地出门"；有的学校搬出老房子住在工地上，弄得无家可归。

　　学校在转型期要弄个房临时过渡，也许这个临时的家住得不舒服，但我们毕竟可以住下。这个临时的家是学校在特殊历史时期人们的一种依靠。我们依靠什么？我们一起在十分艰难的处境里，有

时真的对改变现状感到无望，但是我们可以努力让各自的感受好一些。

比如，我们做教师的都知道学生的处境很糟糕，他们只是孩子，却承受着连成人都难以承受的重压，而他们今天做出的几乎所有的牺牲，仅仅是为了一张进入高一级学校的入场券。这张券一旦进了门就要扔掉的。比如，做领导的都知道教师的处境很糟糕，压力沉重，节奏快，时间长，神经高度紧张。我们都知道教师现在做的有相当一部分工作都简直不能被称为教育工作，但这一切不能不接着做。

现在的问题不是我们在转型期遇到的这种种问题，而是我们面对这种种问题还要等多久。因此，必须依靠一些什么才好。我想，得依靠人道关怀，领导干部、教职工、学生间相互的人道关怀，我想不出还有什么更好的办法可以帮我们度过"冬天"。临时房子里没有取暖设备，我们得相互取暖。我们各自在心里说"我很冷"，同时我们得知道别人也很冷，然后我们给别人一些温暖，这时我们也会觉得温暖。

有些人可能只知道自己很冷，却不知道别人冷，这就要换位思考。换位思考就好比试着穿上别人的衣服，穿上后才能感受别人的体温。这就要求领导干部、后勤人员要多站在教师的角度上思考，教师多站在学生角度上思考，用自己的良知向自己发问：我能不能为别人做得更多，做得更好？换位思考还要相互沟通，多听听别人的建议和意见。校长给教师提建议，教师向学校管理层提意见、建议，向学生提建议，学生也向教师提建议，这就是很好的沟通。有教师说，光提建议又不会有用，是的，或许用处不大，但能让我们相互知道别人也受着寒冷，心中就会生出同情，至少能减少冲突和争执。

知道别人也很冷，知道了别人的处境，才会设法给别人一点儿温暖，自己在给别人温暖时也会感受到别人的温暖。

怎么相互取暖？我想，主要要做两件事：一是少一些彼此间的抱怨、指责和批判，多一些赞美的声音；二是静下心来倾听别人心底的声音，多给别人一些关怀和帮助。这样一来，我们虽然一时无法脱离苦难，但也不至于失去勇气和力量。

96 办一所公正的学校

人们都渴望公正，是因为极少有人感觉自己受到了公正的对待。

有些信仰宗教的人说上帝是公正的，上帝在这里给你多一些，在那里就会拿走一些；上帝在过去曾经给过你，那么以后你就会少得一些；而如果你现在两手空空，或许明天就会变得富有；你当下受了苦难，未来或许能得到加倍的补偿。人们创造了神，是因为渴望公正，世俗世界之外的无所不能的神才是公正的。而在这个世俗世界里，则永远不会有完全的公正。

得到的比别人更多，生活得比别人更好的人一般会感觉公正，可几乎很少有人感觉比别人得到更多，活得更好；大多数人感觉自己受了不公正对待。"不公正"是人特有的一种委屈感，一些无神论者将不公正归因于世道，还有一部分则归因于他人（强者）的掠夺。人们只能在有限的时空内去求得公正，而一旦求不得，则从心中生出怨恨，怨恨这不公正的世道，怨恨甚至破坏他人（强者）的所得。

很多人都倾向于结果的公正，他们将公正视为结果是否公正。关注结果公正的人，一般是不可能接受贫富或贵贱的差异的，他们宁愿接受共同的贫穷，认为共同的贫穷这种结局是公正的。有时人们反而不能容忍共同富裕，因为一旦富裕了，就有富裕程度的差异，而贫穷在绝大多数时候都是差异不大的。人们认为只要有人更富裕，那么这富裕就是不公正的结果，因为这富裕没有发生在"我"身上。就这样，人们常常被不公平的感觉折磨着，消磨着人生。

有人抱怨不平等，其实人生来就注定有很多不平等，地域的、遗传的、性别的……都是人在出生时无法选择的。

　　于是，在这个世俗的世界里，既没有结果的公正，又没有起点的公正。那么哪里有我们渴望的公正呢？

　　也许只能在过程中去找公正了。

　　假如说在世俗生活中生存，就是在和别的人一同玩竞争游戏，那么现在假设你和别人拥有同一个起点，你就应该和别人一起遵守共同的游戏规则。如果结果你失败了，你服还是不服呢？你说不服，因为游戏规则偏向了对方，那么好，现在游戏暂停，双方再一起讨论修改游戏规则，直到双方都接受某一规则后再来继续这场游戏。如果你还是输了，你服不服呢？你说不服，理由是裁判不公正，或是裁判水平不高，或是裁判与对方有密切关系，那么好，再来修正 —— 我们增加对裁判工作的规定，比如，设立专业裁判并让裁判员接受严格训练，还规定裁判必须避嫌。后来你又输了比赛，你认吗？虽然你可能还是觉得不公平 —— 对结果的不公平感几乎是人发自本能的一种委屈感 —— 可你最终不得不认输。

　　我们共同信守同一套游戏规则，并且评判者受到严格管束，可以降低人们的不公正感。对过程公正性的关注比对结果和起点公正性的关注更有利于社会秩序稳定，更能有效地消减人们的怨恨。在过程公正性方面，游戏规则的制定和对裁判的约束尤为重要。我们必须保证游戏规则是民主协商的产物，即游戏规则必须能让大多数人接受；还要有一套完整的制度用来监督执法者。

　　这两方面的制度都有了，这个社会虽然仍然不是"绝对完美"的，但却是"相对完美"的。

　　市场经济为什么比计划经济有效，就是因为人们清醒地认识到了人其实个个不同，因此也就不必强求结果公平。结果公平是乌托邦，是幻想，所以索性不追求结果是否公平，而是去建立一套制度，这套制度让每个人机会均等，而且让每个人遵守一样的游戏规则，法律保证每个人参加游戏的权利，惩处破坏规则和不讲诚信的人。

下面我们来谈学校的公正性问题。在学校中，教师间事实上存在竞争关系，我们都默认了这种关系存在的合理性，提干、评职称、调换岗位、分配奖金、进行各项评估等，各项资源的分布都是无法做到均衡的，于是，不公正感侵蚀了教师的心灵，抱怨油然而生。那么怎么办？显然重点要放在两个方面，一是要保证学校的规章制度必须在协调共识的基础上产生，二是执法者（管理干部与评价者）受到制度的严格管束。如果这两方面做得较好，就意味着实现了过程公正；至于结果如何，请你认了吧。

有人或许会说，你刚才在说过程公正时做了一个假设，就是假设每个人在起点上是公正的，可事实上人们在起点上就无法做到公正。

这个问题问得好，我正要放在本文结尾郑重其事地说。

人们在起点上确实不公正，有的是强者，有的是弱者，让他们遵守一样的游戏规则有失公允，那么怎么办呢？办法就是帮助那些弱者，使他们受到特殊的照顾，直到他们终于能与强者站到同一起跑线上。由谁来帮助呢？当然由强者来帮助了。我们是不可以取消弱者参与竞争的权利的，我们更不能不给予他们关怀。因此，在关注过程公正时，人道主义将一直作为基调。

97 理解诚信

世界上有许多字词被广泛使用，但一旦推敲起来，却很难琢磨明白它们的确切含义。语言是人们表达思维的工具，可我们对正在使用的工具到底是什么，却不太懂。这是人类的一个独特现象。

"诚信"这个词平时也是被当作"工具"使用的，我们可能知道什么是诚信的，却可能不知道诚信是什么。所以，哲人老子非常聪明，他从来不追究概念，他说"道可道，非常道"。也就是说，"道"如果被说出来，那么就不是真正意义上的"道"了，因此他决定不说，只是去悟。中国传统文化中的许多国粹都说不清，中医说不清只说阴阳平衡，诗说不清只说妙不可言，书法绘画说不清，京剧说不清……所以中国文化的传承往往有困难，要靠学习者自己的悟性。

说到"诚信"一词，虽然出自老祖宗，我们却不知道它的确切含义。如果光靠大家去悟，那就太低效了。既然"诚信"那么重要，我们就得把这个词搞清楚。

让我们先从这个词的用法开始说起。

有一次，某位领导半开玩笑地对我说："郑校长，听说你在教工大会上的讲话很精彩，什么时候让我们也听听？"恰巧我这个人脸皮特别厚，听到别人一恭维，立刻得意得"找不着北"了，随口答应说："好呀！"领导一听正中下怀，趁势说："那请你为我们厂长经理班讲一次。"我那时头脑发昏居然答应了。后来才知道不是要讲教育问题，而是要我讲经济问题，这下可难坏我了。但既然答应了人家，就要履行承诺，即使没有把握，即使我不是经济问题的行家，我也要硬着头皮来讲。讲得不好让厂长经理们睡着，毁了我"一世英名"也是没有办法的事。谁让我当时不知天高地厚，草率答应了呢？这样看来，我身上有一种美德，就是诚信了，而且我把诚信看得比能力更重要，来讲不来讲是诚信问题、道德问题，讲得好不好是水平问题、能力问题。德比才更重要。

现在我们可以分析诚信这个词了。这个词在以上例子中有以下含义：

1. 和说话有关系。我当时随口答应的，我说过"好呀"，诚信的"诚"是言字旁，诚信的"信"带言字。因此，诚信一定与口头承诺有关。

2. 说出的话，做出的承诺必须出于真心。"诚"这个字主要指诚实，也就是心口一致，古话叫"君子无戏言"，哪怕对小孩子说话也要心口一致。因为即使言者无意，听者也有心。我当时说"好呀"，言者我郑某人无心，可听者公司领导却有意，然后她趁势约定讲课，令我未及多想，进入无法回绝的两难境地。答应讲课吧，实在无能力承担；拒绝吧，让领导识破我的戏言，堂堂校长怎可以戏言？一言既出，驷马难追，这是说的"诚"字。

3. 说出的话必须兑现，否则就是无信。即使你当时是诚心的承诺，可如果不兑现，照样使人怀疑你当时的诚心。如果说"诚"这个字管内心，那"信"这个字就管行为；如果说"诚"这个字管心口一致，那么"信"这个字就管言行一致。

现在总结一下，所谓"诚信"就是"心－口－行"的一致，是起于"心"终于"行"的人类美德。它的核心要素是"言"，言发于心的真实，实现于行的真实。如果我们把诚信上升到哲学高度来衡量，哲学中的真、善、美三大观念中，诚信指向"真"，可想而知在人类文明中诚信应该占有多重要的位置。

上面分析了诚信的词义，诚信就是心－口－行的一致。可是，我们为什么要讲诚信呢？

首先，因为诚信符合道德标准。不过我们今天提倡诚信，显然并不是完全出于道德考虑。诚信不仅是一种美德，还是一种经济力。

大家想过吗，我们为什么会偏爱名牌产品？一定是因为名牌产品质量很高吗？不全是，更重要的是因为买名牌产品比较放心。因为人有从众心理，什么是名牌？大家都知道、都说好的叫名牌。既然大家都说好，那我购买这个牌子的产品准没错。走进超市如果看到从未听到过的牌子，我们一般都要犹豫一下的，因为买名牌虽然看上去花钱更多些，可比买了不知名的牌子上当受骗要划算。逛商店也是如此，人们一般选择去名牌商店，因为名牌店比一般的店家更值得信赖。中国人讲货比三家，比完之后，再决定购买，那你其实已支出了许多时间成本。现代人越来越繁忙，时间对一个城市人的价格越来越高，那么崇尚名牌正是一种进步，因为名牌能降低时间成本。诚信有利于交易双方降低成本，提高效率。因此，诚信不仅是一种美德，还是一种经济力。

诚信是一种经济力，更是一种发展力。

一个企业、一个行业的发展主要看市场份额，不管是传统的制造业还是新兴的服务业，以及提供经济动力与润滑作用的金融业的发展都是看市场份额的。如果没有诚信，就不会有更大的市场份额，也就不会有发展。

学校更不能没有诚信：只要学校一加入市场竞争，诚信就不仅仅是行业道德问题，也是经济问题、发展问题。

教师不能不讲诚信：因为教师不仅是道德的模范，必须以诚信示人；教师还是发展着的人，如果没有诚信，就会失去发展的空间和机会。

我们必须重视诚信问题，因为那是一种道德力、经济力、发展力。

98 服务于公益民生是莫大的荣耀

人类之所以伟大，在于只有人类能够组成社群，这使人具有社会性本质。具备这一本质后，人已无法回到茹毛饮血的时代。虽然人类的体格与机体甚至不如某些动物那般强健，但人类有超越自身有限性的机会，这让人愈加摆脱肉身与欲望的束缚，渴望并不断生成文化的或精神的一片天地，用"第二自然"来概括这片没有边界、穿越时间的天地是再恰当不过的了。

社会分工的精细化，使人一方面发展了独具个性的才能，另一方面也导致了对他人的依赖度日益增加，以至于人类社会强大到足以改造自然，而作为个体的人却在生存的危压中显得无比渺小。

因此，个人之伟大就只有在精神文化领域中显现。这是人作为个体的一种"退化"，又是人所构造的精巧社会的进步。

如今，绝对自私简直是不可能的。在精细化分工的社群中，自私的自然属性只是一种私人目的，社群由自私着的个体而构成，并以自私作为动力。个人利益的最大化是自私的目标，而社会对此本性的抑制在于，个人在谋求最大利益时，绝不能以自私作为手段。人必须为赖以生存的社群作出贡献，方可满足其自利的自然本性。在这里，自私的目的与自私作为手段是无法一致的。这种不一致形成了人的自然性与社会性的冲突。如果无法摆脱冲突，人就会痛楚一生。

于是，有人设法摆脱无穷无尽的痛楚，试图寻找一线生机来超越冲突。他们尝试尽可能多地忘记自我，一改自利之目的，努力造福于人。此时，服务于人的目的和服务之为手段相一致。目的与手段一旦相一致，其内心就开始变得平和，灵魂也获得安宁，于是开始过着没有冲突的人生。富有文化精神的社会属性引领了本能的自然属性，跨越了人世的苦难，他们成为这个时代真正的英雄。

因此，就有两种人都在服务：一种人不得不服务，如同芸芸众生，他们用服务获得价格来谋生，谋得了自然生命的延续；另一种人甘心服务众生，他们用服务获得价值来提升自己，令人敬仰。也就有了两种职业。前一种为营利而服务，这种服务虽然真心诚意、无微不至、笑容可掬，但这是为了最大利益而忍受内心的冲突与苦痛。其所得无法填平其所失，甚至会激起更强的欲念，因为往往这时，他作为目的的自然本性在主宰着他的生命，也就由着生命"堕落"。后一种职业心手同一，神色坦然，带着感人的喜气。从事着这种职业的人把阳光带给所有人，因而他们的心中也充满阳光。

教师职业给了我们一个机会，这个行业不用价格来标示，这个行业的服务不全为着自利，这个行业服务于公益民生。如果我们在这个行业中，用文化精神滋养自己，提升自己的自然性，使之与社会属性相协调，我们将会是这个世俗世界里超凡脱俗的一群。如果我们并未为此做好准备，则一生都将陷于魔障之中，忿忿不平地混迹于人世间，受着道不明的苦楚。

让我们快乐地说："服务于公益民生是我们莫大的荣耀。"

99 看在学生的分儿上

教师似乎永远不可能跻身富裕阶层，如果教师成为腰缠万贯的富人，一定不符合"国际惯例"，也与文化传统相悖了。学校为了激励教师努力工作，一般都会实施绩效工资制度，采取一些经济奖励的办法。在其他行业，绩效工资的依据无非是以下几种：

1. "以量核价"，即根据所承担工作的数量来计算奖金。

2. "以质加价"，即根据完成工作的好坏程度予以适当奖励。

3. "以责定价"，即根据所承担的责任轻重来定价。

但是，无论学校采取何种依据来"拉开收入差距"，都因为教师工作的特殊性而总会露出不合理的破绽来。况且，即使拉开了差距，对教师来说区区几十元或一二百元的差距，实在不是经济上的差距，而主要是"面子"上的差距。

于是，常有教师说："我努力工作，从来不是因为看在钱的分儿上。"是的，教师工作，是绝不可以看在钱的分儿上的。说句实话，想看在钱的分儿上还看不到呢！

有些教师说："我这样全身心投入是看在学生的分儿上。"我被"看在学生分儿上"这句话打动了。在我国"穷国办大教育"，基础教育投入仍然不足的情况下，在那么漫长的"艰难岁月"里，在那么多薄弱学校里，有那么多"一厢情愿"的教师，任劳任怨地工作着，苦口婆心地与"差学生"消磨在一起，消磨了一生。也许是孤陋寡闻，我实在说不出还有哪一个国家的教师被要求为他们的学生负那么大责任的，而他们是看在学生的分儿上。

看学生什么分儿上？看学生求知时渴望的眼睛，看学生的天真可爱，看学生对教师的无比尊崇，看学生都会长大而且他们都要成个"人"！还要看那些调皮捣蛋、不爱学习的学生的渺茫的前途！

"看在学生分儿上"是教师的"天性"，除了教师，还有谁会看在别人家孩子的分儿上？教师的这一"天性"发育得愈充足，就愈会是一名好教师。那么这个特殊天分的根源在哪里？在人人都有的同情心和慈悲心，只是教师每日里与学生相处，同情心与慈悲心被激发得更充分些。教师与学生的"灵"与"灵"的冲撞、融通，总会让教师成为情感极其丰富的一群人。这也发育了教师自身的优美而完整的心灵，支撑了教师从教一生的信念，同时也以执着、可爱的"傻气"装点了自己。

那么，教师的所谓"看在学生分儿上"，就不完全是看在学生分儿上，而是更多地看在自己良心的分儿上了。什么是良心？良心是人们对自己行为的是非、善恶和应负的道德责任的自觉意识。良心是内心的一道关口，过不了这道关口，人们就会羞愧。教师经常用是否"凭良心"作为衡量自己工作的尺度，于是，"凭良心教书做事"与"看在学生分儿上"是同义的了。

政府与学校、科研机构一直在努力研究教师评价问题，我不知道会不会研究出一套评价体系，来准确评价不同环境下不同教师的工作和业绩。但在比较理想的评价体系诞生前，要维持当前尚在"困境"中的教育，必须依据教师的良心，以"学生"激起教师同情与慈悲的天性，教师"看在学生分儿上"是中国教育的幸事。我真正担心的是，教师看在"评价体系"的分儿上，而泯灭了宝贵的良知；我怕一所量化管理下的学校，最后"谋杀"了教师的独特"天性"；还怕被评估为"优秀"的教师却没有起码的良知。

良心是学校教育的最后一道道德防线，一旦失去，将溃不成军。

而教师，应努力保存教师全部美德的源泉 —— 良心。像爱护眼睛一样爱护自己的良心，像捍卫自己人格尊严一样捍卫自己的良心不受污染。尤其是在被校内外的貌似科学或先进的种种诱惑所"挟迫"时，能牢牢守护住自己的良心。因为，教师一旦失去良心，不再敏感于学生，那么，学校对你来说即地狱。

请扪心自问：今天，我带了良心吗？

100 认识人，才有对人的教育

在我谈论的所有问题中，没有比人的问题更让人感觉困难的。哲学家、生物学家、社会学家、心理学家、教育学家、政治家为了认识"人"自身，花费了上千年时间，至今还在争论不休。凭我的学识和经历，很难谈好这个问题，更何况我对自己的认识、对人类的认识还在变化之中。但是就我现在所承担的角色而言，解答"人是什么"的问题，是形成办学理念的一个绕不过去的问题。

千年来，我国的教育以培养官僚为目的。私塾也好，书院也好，国子监也好，学馆也好，社学也好，都以教习儒学，使学生"学而优"以后当官治国平天下为目的。近代的中国教育办起了新式学堂，以训练学生掌握技术，"以夷制夷"，富国强兵为目的。

现代教育，学校的职能变成了以培养人为目的。我国教育方针提出"全面发展"，进而提出"核心素养"，就是这个意思。以人为目的，这是世界潮流。西方教育也从神学教育时代，进步到工业化的技能时代，再进步到以促进人的自由与幸福为目的的教育时代。

有人把这一中外一致的学校职能变化称为"人的复归"，即学校教育由外在目的转为内在的本质目的。

但这一复归的过程是艰难的。我们不会忘记新中国成立以后我们走过的弯路。我到浙江省时，看到路边墙上写着："教育为改变家乡落后面貌服务。"前些年也提过，教育为社会主义市场经济服务，还曾提过教育产业化。

教育可以是产业，但教育不能产业化。任何希望靠教育来繁荣经济，将学校转变为经济部门的图谋都是要破产的。

教育是公益事业。公益事业的支柱是什么？是人道主义，所以学校的职能终于又回到人的问题上来了。今天，我们来想一想，办学校是为谁服务的？不就是为了学校的学生吗？这是学校的职能。明白这一点很重要，我们总是会因为种种原因有意无意地忘了这一点。

既然学校和教育都要为人服务，那么对人的认识就会决定我们的办学方向和教育方式。如果我们认为学生还不是人，他离动物不远，那么我们就可能随意驱使他、戏弄他、欺骗他、操纵他；如果我们认为学生天生是恶的，那么我们就应该摧残他、禁锢他、贬抑他、束缚他；如果我们认为学生是我们的对立面，我们就要控制他、打击他、训练他；如果我们认为学生的大脑是封闭的容器，那么我们就应该将道德与知识灌输给他，对他说教；如果我们认为学生是我们的附属物，那我们就不用尊重他，不让他自由，也不让他们提意见。

反之，如果我们将学生看成活泼的生命，看成真正意义上的人，那么我们就要像尊重成人一样尊重他，尊重他的自由意志和独立人格，对他成长的潜能和充满期待的内心世界给予关注和赞赏。教师应该成为学生"人的尊严"的守护者，爱学生主要表现在宽容上。当然，我这样说，似乎太理想了，教育内部和外部的诸多矛盾，有时逼着我们忘记我们的目的要与我们的手段一致——我们要抱着良好的培养人的目的，也要掌握有利于培养人的手段。教师的职业良心，要求我们不能不开始考虑这些问题。

说到现代化，现代化的核心就是人的现代化，人的观念现代化，人的思想现代化，标志就是对人的问题的认识上升到一个新高度。

我总感觉学校应该严格区别于以下单位：区别于政府机关，机关是办事的，完成任务式的；区别于监狱，监狱是改造人的，是严肃的，犯人们的自由和尊严被他们所犯的罪行交换掉；区别于医院，医院总有很强的悲剧气氛；区别于军队，军队整齐划一，说一不二，服从是军人的天职，区别于工厂，工厂生产产品，统一规格，是冰冷的机器；更区别于殡仪馆，那地方毫无生命力，令人不寒而栗。

学校、教室、办公室要做到人性化，可能既是宁静的，又不是死气沉沉的。像秋天里的树林，树林里有鸟，还有微风，天气也很爽朗，就是这种感觉。

图书在版编目（CIP）数据

给教师的一百条新建议：2022版／郑杰著 . -- 北京：中国人民大学出版社，2022.7

ISBN 978 - 7 - 300 - 30775 - 6

Ⅰ.① 给⋯　Ⅱ.① 郑⋯　Ⅲ.① 教师—工作—文集　Ⅳ.① G451-53

中国版本图书馆 CIP 数据核字（2022）第 109032 号

给教师的一百条新建议（2022版）

郑杰 著

Gei Jiaoshi de Yi Bai Tiao Xin Jianyi (2022 Ban)

出版发行	中国人民大学出版社			
社　　址	北京中关村大街31号		**邮政编码**	100080
电　　话	010 - 62511242（总编室）		010 - 62511770（质管部）	
	010 - 82501766（邮购部）		010 - 62514148（门市部）	
	010 - 62515195（发行公司）		010 - 62515275（盗版举报）	
网　　址	http://www.crup.com.cn			
经　　销	新华书店			
印　　刷	北京华宇信诺印刷有限公司			
规　　格	720 mm × 1000 mm　1/16		**版　　次**	2022年7月第1版
印　　张	16.25　插页1		**印　　次**	2024年7月第4次印刷
字　　数	200 000		**定　　价**	68.00 元